L'ÉGALITÉ ~~IM~~POSSIBLE ?

MANIFESTE POUR UNE SOLIDARITÉ ACTIVE

Création graphique et couverture : Thierry Oziel
Maquette : Atelier Dazibao

31, rue Faidherbe, 75011 Paris
www.lespetitsmatins.fr

ISBN : 978-2-36383-249-8
Diffusion : Interforum – Volumen
Distribution : Interforum

Timothée Duverger
Stéphane Junique

Entretiens réalisés par Jean Chezaubernard

L'ÉGALITÉ ~~IM~~POSSIBLE ?

MANIFESTE POUR UNE SOLIDARITÉ ACTIVE

{ LES Petits matins }

SOMMAIRE

« Mais voici les rangs qui se confondent ; les barrières élevées entre les hommes s'abaissent ; on divise les domaines, le pouvoir se partage, les lumières se répandent, les intelligences s'égalisent ; l'État social devient démocratique, et l'empire de la démocratie s'établit enfin paisiblement dans les institutions et dans les mœurs. »

Alexis de Tocqueville, *De la démocratie en Amérique*, livre 1, 1835.

INTRODUCTION

L'Égalité (im)possible? Le titre que nous avons choisi pour cet ouvrage paraît osciller entre espoir et pessimisme. Il part tout d'abord d'un constat : les inégalités se creusent et la précarité s'accroît, entraînant un sentiment légitime d'abandon, de déclassement et de fracture territoriale. Or, la lutte contre les inégalités, aujourd'hui, nous semble délaissée. Où sont les discours positifs affirmant que l'égalité est un objectif réalisable ? Où sont les propositions concrètes pour mener ce combat ?

Aujourd'hui, des termes comme « réforme » et « progrès » paraissent plus inquiétants qu'autre chose, car ils sont associés à la casse des outils ayant permis, historiquement, la construction des solidarités collectives. Mais la seule action de l'État ne suffit plus pour affronter les défis de notre époque : carrières fragmentées, vieillissement de la population, explosion des maladies chroniques, déserts médicaux, etc.

Pourtant, nous sommes convaincus que l'on peut tenir un discours à la fois réaliste et enthousiasmant sur la nécessité de revisiter des dispositifs à bout de souffle. Pourquoi enthousiasmant ? Parce que ce discours est porteur de nouvelles solidarités à construire, de nouveaux modes de vie et de consommation prenant en compte l'urgence climatique, d'approches du soin davantage tournées vers la prévention, le tout sur des territoires redynamisés. Il esquisse, en somme, une société du « mieux-vivre » n'excluant personne, où l'« égalité des possibles » n'est pas un vain mot – et ce de la petite enfance à la fin de vie.

Pour mener ce combat, nous avons besoin d'une puissante stratégie d'alliance entre l'État et la multitude d'acteurs œuvrant pour l'intérêt général. C'est là tout le sens de notre « manifeste pour une solidarité active ». Nous plaidons en effet dans ces pages pour la construction d'un « pôle des solidarités actives », agrégeant non seulement les acteurs historiques de l'économie sociale et solidaire (associations, fondations, mutuelles et coopératives), mais aussi d'autres partenaires n'ayant pas le profit pour finalité. Et si nous le faisons à deux voix – un militant mutualiste de longue date et un historien spécialiste de l'économie sociale et solidaire –, c'est parce qu'on n'avance jamais sans se souvenir d'où l'on vient, et que l'histoire possède la double capacité d'éclairer le présent et de nous permettre d'imaginer l'avenir.

Chapitre 1
LA FIN D'UN MODÈLE

Stéphane Junique, vous êtes né en 1973 et, en juin 2016, vous avez été élu président d'Harmonie Mutuelle. Timothée Duverger, vous êtes né en 1986, vous êtes docteur en histoire contemporaine et maître de conférences associé à Sciences Po-Bordeaux ; vos recherches portent notamment sur l'histoire de l'économie sociale et solidaire. Quels sont vos itinéraires respectifs ? En quoi expliquent-ils les convictions qui vous animent aujourd'hui ?

Stéphane Junique : Mon parcours est celui d'un militant de la solidarité, engagé dans la vie de la cité – en cela, il n'a rien d'original. Cependant, mon histoire personnelle m'a probablement amené plus tôt que d'autres à comprendre ce que signifie lutter contre la maladie. Fils unique, j'ai vécu avec une maman partie trop vite, atteinte d'une sclérose en plaques déclarée à ma naissance. On prend rarement conscience de ce que représente le fait de vivre avec la maladie ou un handicap : ce parcours éprouvant jalonné d'incertitudes, d'espoirs et de déceptions. Un vécu étrange, paradoxal, qu'il convient d'assumer de manière trop souvent solitaire. J'ai vu alors ce que signifie la force de la solidarité familiale. Et j'ai mesuré l'importance de la mission des soignants impliqués aux côtés de ma mère dans ces périodes qu'il faut accompagner au mieux, avec les crises, la tentation de renoncer, les doutes, les sentiments d'injustice et de profond désarroi… J'estime néanmoins avoir bénéficié d'un privilège : celui de me trouver très tôt au contact de la maladie. C'est sur ce terreau, en quelque sorte, que je me suis construit.

Au-delà de ce contexte familial, l'événement qui a été à l'origine de mes engagements, c'est le tremblement de terre à Mexico survenu en septembre 1985. Le séisme avait ravagé la ville, qui s'était effondrée comme un jeu de quilles, causant plus de dix mille morts et trente mille blessés. Comme beaucoup de personnes, j'avais été frappé par cette tragédie et ému par la mobilisation des centaines de sauveteurs français qui avaient rejoint les équipes mexicaines pour tenter de retrouver des survivants dans les décombres. Au-delà des images insoutenables diffusées par les journaux télévisés, c'est bien l'action de ces médecins, infirmiers, sapeurs-pompiers et secouristes bénévoles – qui avaient pour mission de ramener à la vie, de retenir la vie – qui m'a donné la passion de la médecine d'urgence et la volonté de m'engager.

C'est ainsi qu'à l'âge de 13 ans je suis devenu bénévole à la Protection civile puis à la Croix-Rouge française de Valence, où je me suis engagé avec passion dans des missions de secours et d'urgence. Et c'est à l'occasion de ces heures passées en poste de secours et en permanence de nuit avec les équipes du Samu que mon désir de devenir infirmier s'est forgé. Mes échanges avec le Pr Pierre Huguenard, patron du Samu de Créteil, l'un des précurseurs et fondateurs de la médecine d'urgence, le Pr Geneviève Barrier, directrice du Samu de Paris, et le Dr Suzanne Tartière, médecin régulateur au Samu de Paris, ont été déterminants dans la construction de mon parcours professionnel.

Toutefois, je le dis souvent, c'est à travers les colis alimentaires que je distribuais le mercredi après-midi à la Croix-Rouge pour aider des personnes en difficulté que j'ai pris conscience de ce qu'était le geste de solidarité. Dans cette démarche qui consiste à satisfaire un besoin élémentaire de tout individu – se nourrir –, ce qui était en jeu, je le comprendrais plus tard, c'est la préservation de ce qui constitue l'humanité de chacun, à savoir sa dignité. C'est pourquoi, aujourd'hui encore, je ne peux me satisfaire des grands discours sur la solidarité et des pétitions de principe dans ce domaine. La solidarité, c'est agir, être utile ! Car « seuls ceux qui sont assez fous pour penser qu'ils peuvent changer le monde y parviennent[1] ». C'est ce que la Croix-Rouge m'a appris.

Ma scolarité terminée, j'ai quitté Valence pour poursuivre mes études à l'Institut de formation en soins infirmiers (Ifsi) de l'hôpital Ambroise-Paré, à Boulogne-Billancourt. Ce furent trois années passionnantes, heureuses, tournées vers le soin, la transmission des savoirs et des valeurs hospitalières : aucune maladie, aussi rare soit-elle, ne doit être négligée, aucune souffrance ne doit être ignorée, aucun patient ne peut être laissé de côté. Ces principes, j'ai pu les mettre en pratique lors d'un stage au centre de consultations de l'hôpital Marmottan, à Paris, dont la mission était de faciliter l'accès aux soins des usagers de drogues dépendants, de ceux prenant des produits de substitution et des ex-usagers.

Ces quelques semaines de stage – et ma rencontre avec le Pr Claude Olievenstein – ont été décisives. Car c'est à Marmottan que j'ai pris conscience, comme le dit Xavier

---

1. Henry Dunant, premier prix Nobel de la paix et fondateur de la Croix-Rouge.

Emmanuelli[2], que «traiter la maladie n'est parfois pas le plus urgent, quand des personnes se sentent exclues et crèvent de solitude». Le cœur de l'activité du centre était l'accompagnement médical et social des toxicomanes. À cette époque, l'idée que le médecin «accompagne» l'usager de drogues, plutôt que de chercher systématiquement à le désintoxiquer, n'allait pas de soi. Alors qu'une expérimentation à la méthadone auprès de plus de 200 000 toxicomanes avait été couronnée de succès à New York dès 1978, il a fallu attendre plusieurs années avant que les autorités médicales françaises acceptent la distribution organisée de ce produit de substitution. Ce n'est qu'en 1994 que le ministère de la Santé lancera un programme permettant de traiter 1 600 toxicomanes, alors que 17 000 étaient déjà pris en charge en Grande-Bretagne et 25 000 en Italie. Comme l'équipe de Marmottan était l'une des rares à être habilitées à délivrer de la méthadone, on nous surnommait les «dealers en blouse blanche», alors que ce produit présente beaucoup d'avantages: absorbé par la bouche, il supprime les infections causées par les injections; administré sous contrôle médical, il replace le toxicomane dans le système de santé; doublée d'un accompagnement social, sa distribution accroît les chances de réinsertion. J'ai découvert alors que la frontière entre le médical et le social était étroite. Soigner, c'est aussi écouter et accompagner – notamment quand des femmes découvrent tardivement leur grossesse en raison des effets des opiacés. Nombre d'entre elles n'auraient pu relever la tête sans la Dr Dominique Boubilley (médecin généraliste à Marmottan) et le soutien du Planning familial.

2. Médecin, fondateur du Samu social de la ville de Paris et président du Haut Comité pour le logement des personnes défavorisées de 1997 à 2015.

C'est à la même époque que j'ai été confronté à la réalité de l'épidémie de sida. En effet, mon premier poste d'infirmier, en 1995, était à l'hôpital Broussais, au service d'immunologie clinique du Pr Michel Kazatchkine, où la grande majorité des patients pris en charge étaient atteints du VIH. Rappelons que le sida était encore une maladie transmissible systématiquement mortelle : pour la seule année 1995, en France, ce sont 4 733 hommes et femmes qui ont été fauchés par le virus[3]. Le « sentiment de mort » était d'autant plus prégnant que les décès survenaient essentiellement chez des hommes jeunes – à peine plus âgés que moi pour un grand nombre d'entre eux. Les soins en phase terminale faisaient donc partie du quotidien du service. On ne s'habitue pas à la mort, on ne s'y résigne pas. Je mesure la chance qui a été la mienne de faire partie d'une équipe où médecins, cadres de santé, infirmiers et aides-soignants étaient complices et soudés. C'est ce qui nous permettait de rester solides pour soulager les souffrances physiques et morales, et surtout accompagner les patients jusqu'au bout…

J'ai découvert à ce moment-là l'importance de la dimension éthique du soin. Emmanuel Hirsch, que j'ai rencontré à cette époque, venait de créer l'espace éthique de l'Assistance publique-Hôpitaux de Paris. Je conserve pour ce philosophe de terrain un profond attachement : ses travaux éclairent encore aujourd'hui mes réflexions et mon action de dirigeant mutualiste.

À partir de 1996, les progrès thérapeutiques ont transformé le devenir des personnes infectées par le VIH. On a commencé à parler de « tournant » dans la prise en charge

3. « Mortalité par sida en France. Tendances évolutives et situation en 1996 », *Bulletin épidémiologique hebdomadaire* n° 14, 1998.

de l'infection, et même de « révolution thérapeutique[4] ». Ces progrès ont ouvert la voie à ce que l'on nommera plus tard la « normalisation du sida[5] ». J'ai vu, en tant que soignant, l'impact rapide de ces évolutions sur les pratiques de soins. De fait, la diminution du nombre de décès s'est avérée massive[6]. En une dizaine d'années, le sida est passé du stade de maladie incurable à celui de pathologie chronique – certes grave, avec des traitements lourds, mais permettant à de nombreuses personnes infectées de s'inscrire dans un projet de vie. Par ailleurs, le recours à l'hôpital s'est lui aussi trouvé modifié. Les lits d'hospitalisation complète se sont vidés en quelques mois, et l'activité hospitalisation de jour/consultations a pris une place inédite dans l'organisation du service.

Enfin, l'épidémie de sida a eu pour effet de mobiliser contre les inégalités en matière de santé. Et elle nous a appris que l'expérience de la maladie peut susciter une générosité humaine et un sens de l'autre capables de bouleverser les organisations de soins ainsi que la relation patients-soignants. Les malades ont joué un véritable rôle de « réformateurs sociaux[7] ». J'ai mesuré à cette occasion l'importance et l'utilité des acteurs associatifs dans notre système de santé. Les bénévoles de l'association Aides venaient chaque semaine rencontrer les malades, les écouter, les réconforter, discuter avec eux, leur apporter de la vie.

---

4. Alain Sobel, *Éthique, sida et société. Rapport d'activité du Conseil national du sida*, tome III, La Documentation française, 2000.
5. Michel Setbon, « La normalisation paradoxale du sida », *Revue française de sociologie* n° 41-1, 2000.
6. - 46 % entre le 4e trimestre 1995 et le 4e trimestre 1996, *Bulletin épidémiologique hebdomadaire* n° 37-38, 1997.
7. Intervention de Daniel Defert, président d'Aides, lors de la Conférence mondiale sur le sida de 1989.

Ils ont su conférer un visage et une dignité humaine à une épidémie qui renvoyait largement à la relégation sociale, à l'exclusion et au mépris.

Notre société a été saisie par l'émergence d'une parole forte, qui revendiquait une conception jusqu'alors inédite du soin, avec pour préoccupation dominante la prise en compte de nos obligations à l'égard de toute personne malade. Les associations et les militants de la lutte antisida ont imprégné la santé publique des valeurs pratiques de la démocratie. Et cette mobilisation bénéficie aujourd'hui à tous. L'idée de «démocratie sanitaire», développée dans la loi française du 4 mars 2002 relative aux droits des malades et à la qualité du système de santé, constitue à bien des égards le testament vivant transmis par ces militants, dont l'absence aujourd'hui est à déplorer: «Le droit fondamental à la protection de la santé doit être mis en œuvre par tous moyens disponibles au bénéfice de toute personne. Les professionnels, les établissements et réseaux de santé, les organismes d'assurance maladie ou tous autres organismes participant à la prévention et aux soins et les autorités sanitaires contribuent, avec les usagers, à développer la prévention, à garantir l'égal accès de chaque personne aux soins nécessités par son état de santé et à assurer la continuité des soins et la meilleure sécurité sanitaire possible[8].»

Si ces années ont été celles des transformations et des mobilisations fortes, nous constatons aujourd'hui un relâchement dans la lutte contre le VIH, particulièrement chez les jeunes. Or, celle-ci reste un enjeu de santé publique majeur, avec 6000 personnes en France qui découvrent

8. Loi n° 2002-303 du 4 mars 2002 relative aux droits des malades et à la qualité du système de santé, article L. 1110-1 (Démocratie sanitaire – Droits de la personne).

chaque année leur séropositivité, dont plus d'un quart à un stade avancé de l'infection. C'est pourquoi il est important de ne pas se démobiliser. Cette lutte est d'autant plus nécessaire que le sida est source d'injustices sociales. Aujourd'hui encore, les malades provoquent des réactions de méfiance, de suspicion, voire de rejet, fondées sur des préjugés insupportables. Je pense notamment à l'important taux de chômage chez les femmes atteintes du virus : la maladie accentue encore les injustices et les discriminations qui peuvent exister par ailleurs.

Cette expérience à l'hôpital Broussais a été décisive pour la suite de mon parcours en me permettant de m'ouvrir aux politiques publiques de santé. Toutefois, ce n'est pas en France que je me suis familiarisé avec ces questions, mais au niveau européen, car j'ai quitté l'hôpital pour devenir le collaborateur de l'eurodéputée Marie-Thérèse Mutin. J'ai découvert le fonctionnement des institutions européennes, la réalité de cette Europe de la santé en construction, en particulier à l'occasion des travaux de la commission de l'environnement, de la santé publique et de la protection des consommateurs. Ma conscience de militant européen s'est forgée au cours de ces années. Dans le prolongement de la pensée de Jean Poperen, Marie-Thérèse Mutin défendait l'importance de définir un « contrat social européen ». Je reste convaincu aujourd'hui de l'importance de donner corps à cette idée.

Après plusieurs années passées au Parlement européen, j'ai rejoint la Direction régionale des affaires sanitaires et sociales des Pays de la Loire, à Nantes. La régionalisation des politiques de santé avait pris de l'importance grâce, notamment, aux conférences régionales de santé (CRS) et aux programmes régionaux de santé (PRS). Ces outils ont favorisé la mise en œuvre et le suivi d'actions de santé publique, ainsi que l'élaboration d'une démarche et d'une culture de santé publique en région. Plus que par de grands plans nationaux, je considère que la légitimité de l'action publique dans le domaine de la santé s'est construite à l'occasion de ces expériences régionales. Les CRS avaient pour objet d'analyser les besoins et leur évolution afin d'établir des priorités et de formuler des propositions pour améliorer l'état de santé de la population. Les usagers et leurs représentants étaient associés à l'identification de ces priorités régionales, et un certain nombre d'entre elles étaient ensuite déclinées en PRS.

C'est ainsi que j'ai travaillé – aux côtés de directeurs régionaux, de médecins de santé publique, d'inspecteurs des affaires sanitaires et sociales, de divers professionnels de santé et d'associations d'usagers – à l'élaboration de programmes sur les addictions ou le cancer. Puis j'ai poursuivi mon parcours auprès de l'équipe du directeur de l'Agence régionale de l'hospitalisation en travaillant sur des dossiers qui ont marqué l'actualité de l'époque : la gestion du risque caniculaire dans les établissements de santé ou la déclinaison régionale du plan de lutte contre les risques d'une pandémie du virus de la grippe aviaire H5N1[9].

De cette expérience en région, j'ai tiré une conviction : parce que les besoins de santé sont profondément ancrés dans les territoires, parce que les pratiques professionnelles comme les comportements individuels dépendent

9. L'impact d'une pandémie de grippe aviaire avait été modélisé par l'Institut de veille sanitaire sur la base des pandémies historiques. En l'absence d'intervention sanitaire, le bilan français, selon les hypothèses, pouvait s'établir à 9 à 21 millions de malades, et 91 000 à 212 000 décès en fin de pandémie. 500 000 à un million de personnes étaient susceptibles de développer des complications nécessitant leur hospitalisation.

largement de facteurs locaux, le pilotage centralisé du système de santé et de soins n'est pas pertinent. D'ailleurs, on constate que l'approche nationale des questions de santé n'a pas empêché l'accroissement des inégalités territoriales et sanitaires dans notre pays. La question de la régionalisation de notre système de santé est encore devant nous.

Et la rencontre avec la mutualité ?

S. J. : Je n'aurais jamais imaginé me retrouver un jour à la présidence de la première mutuelle santé de France. C'est par hasard que je me suis engagé en mutualité, à l'occasion d'un débat sur la différenciation du niveau de prise en charge par la Sécurité sociale entre « gros » et « petits » risques de santé – les affections graves appelant une intervention publique, celle de la Sécurité sociale ; les autres une mutualisation privée, par l'intermédiaire des complémentaires santé. Selon moi, cette distinction n'avait de sens ni d'un point de vue économique ni sur le plan médical. Certaines pathologies bénignes non traitées – ou dont les traitements sont retardés – peuvent entraîner ultérieurement des affections beaucoup plus importantes. C'est pourquoi il est impensable de limiter le remboursement des soins aux pathologies les plus graves – qui plus est dans un système de santé qui se veut solidaire. Ce principe est au cœur du pacte qui fonde la Sécurité sociale.

Ce débat m'a donné l'occasion de connaître les positions de la Mutualité française, relayées par les mutualistes nantais, et j'ai décidé de devenir le délégué des mutuelles de Loire-Atlantique. J'y ai découvert un engagement qui me correspondait bien, mêlant les valeurs de solidarité et l'action tournée vers l'accès aux soins pour tous. C'est cette nouvelle aventure qui me conduira aux responsabilités nationales que j'exerce aujourd'hui. J'ai eu la chance de croiser des femmes et des hommes de cœur qui m'ont accompagné et fait confiance[10]. Je pense surtout à deux personnalités exceptionnelles : Joseph Deniaud[11] et Étienne Caniard[12], qui m'ont beaucoup donné et appris. Ils sont pour moi des modèles, des exemples de rigueur et d'exigence dans l'exercice de mes responsabilités mutualistes, et je leur dois beaucoup.

Voilà mon parcours. C'est bien celui d'un militant de la santé et de la solidarité. Comme je vous l'ai dit : il n'a rien d'original.

Qu'en est-il du vôtre, Timothée Duverger ?

Timothée Duverger : Mon grand-père, ancien ouvrier chez Dassault, est un autodidacte. Il m'a transmis sa passion de l'histoire et ses valeurs humanistes, laïques et sociales. Mes yeux brillent encore en regardant sa bibliothèque de plus de deux mille ouvrages. Depuis tout jeune, mon imaginaire a été forgé, par exemple, par les dessins qu'il a fait de *L'Île des pingouins* – son livre préféré –, dans lequel Anatole France revisite l'histoire de France sur le mode de la parodie. Ma mère et ma grand-mère, toutes deux fonctionnaires

10. Thierry Beaudet, Roland Berthillier, Gilles Bonhomme, Éric Chenut, Philippe Cotta, Jeanine Daviaud, Daniel Gérard, Gabriel Guy, Daniel Havis, Guy Herry, Dominique Joseph, Jean-Paul Leduc, Jean-François Lemoine, Noëlle Lhuillier, Daniel Thiriet, Catherine Touvrey et François Venturini.
11. Joseph Deniaud est vice-président délégué du Groupe VYV, dont il est à l'origine de la création avec Thierry Beaudet. Il a exercé de nombreuses responsabilités mutualistes, dont la présidence d'Harmonie Mutuelle.
12. Étienne Caniard a été président de la Mutualité française de 2010 à 2016. Il a occupé de nombreux postes à responsabilités, au sein notamment du Haut Comité de la santé publique, de l'Assurance maladie et de la Haute Autorité de santé. Il a piloté les États généraux de la santé et est l'un des artisans de la loi sur les droits des personnes malades. Il est l'auteur de *Mieux soignés demain* (Le Cherche Midi, 2016).

à l'hôpital –comme préparatrice en pharmacie pour la première et aide-laborantine pour la seconde–, m'ont par ailleurs élevé dans la culture du service public.

Dès le lycée, j'ai donc développé une conscience politique. Les débats sur le référendum autour du Traité constitutionnel européen, en 2005, m'ont passionné. J'ai pris alors position pour le «non», convaincu des méfaits du libéralisme et nourri de mes cours de sciences économiques et sociales. Devenu étudiant en histoire, j'ai participé, au bout de six mois de cours, au mouvement contre le CPE[13]. Je me suis alors engagé en politique *via* le syndicalisme étudiant, mais aussi à travers mes premières recherches sur l'écologie radicale en master, puis sur l'économie sociale et solidaire en doctorat, et aujourd'hui sur le revenu universel. Pour moi, la dénonciation de l'ordre social tel qu'il existe doit se doubler de l'énonciation d'une société alternative telle qu'elle devrait être.

En matière de protection sociale, le modèle «tel qu'il existe» semble approcher de sa fin. Quel état des lieux peut-on dresser? Quels dysfonctionnements observe-t-on?

T. D. : La bascule date des années 1970. On parle sans cesse de la «crise» (amorcée par le choc monétaire de 1971 puis le premier choc pétrolier de 1973), mais sans réellement la qualifier. Dans le meilleur des cas, on indique qu'elle est pluridimensionnelle –à la fois économique, sociale, écologique, culturelle, etc.–, mais on omet de s'interroger sur sa nature: une crise de quoi? Elle intervient à la fin d'un cycle

13. Le «contrat première embauche», porté par le gouvernement de Dominique de Villepin et adopté le 31 mars 2006 par le Parlement, prévoyait de déroger au code du travail pour les moins de 26 ans. Il a suscité un important mouvement lycéen et étudiant, vite rejoint par les partis politiques d'opposition et les syndicats, qui a abouti à son retrait.

de forte croissance économique (les années 1950-1973), culminant à des taux moyens de 5 % par an dans les pays occidentaux. Ce score en ferait rêver plus d'un aujourd'hui, mais, à l'échelle de l'histoire, il constitue une exception qui tient en partie à une phase de rattrapage après le plus grand conflit mondial. Ce que nous appelons « crise » n'est alors qu'un retour à la normale – qui n'est cependant pas un retour au passé : le monde a changé. Les pays occidentaux sont des nations industrielles en transition.

Or, cette courte séquence historique nous a donné l'illusion d'un progrès infini et inéluctable. Elle a suscité la croyance en une maîtrise du sens de l'histoire, matérialisé par la croissance économique. Et notre horizon d'attente demeure guidé par ce champ d'expérience. Notre rapport au futur est étroitement lié à la nostalgie de ce passé, mais ce n'est rien d'autre qu'un mythe de l'âge d'or. Des historiens comme Christophe Bonneuil et François Jarrige ont entrepris de réviser cette conception idyllique d'une modernité enchantée[14]. Ils détournent même la fameuse expression de Jean Fourastié – les « Trente Glorieuses » – pour qualifier ces années fastes de « trente ravageuses », en raison des dégâts environnementaux qu'elles ont occasionnés.

Donc, s'il y a eu crise, c'est d'abord une crise de la croissance : l'accélération de celle-ci après-guerre a conduit au déraillement de nos sociétés. La surproduction a nécessité de trouver de nouveaux débouchés, les marchés intérieurs ne suffisant plus. Nous sommes ainsi passés d'un capitalisme organisé à un capitalisme globalisé. Alors que les années 1970 étaient marquées par une forte conflictualité sociale, la réaction patronale a consisté à délocaliser

14. Voir Céline Pessis, Sezin Topçu et Christophe Bonneuil (dir.), *Une autre histoire des « trente glorieuses »*, La Découverte, 2013.

les activités, à automatiser le travail, à abandonner les « vieilles industries » et à financiariser les capitaux, comme l'explique l'historienne américaine Beverly J. Silver[15]. Il faut mesurer ce que signifie l'échec historique du mouvement ouvrier – l'effondrement de l'URSS en 1991 n'étant que la partie émergée de l'iceberg ! Le communisme était un « grand récit » qui ordonnançait le monde et faisait de la classe ouvrière le sujet de l'histoire ; les syndicats sont aujourd'hui très affaiblis et les partis communistes ont quasiment disparu.

Le ralentissement de la croissance économique à partir des années 1970 a également un impact sur notre système de protection sociale. Comme l'a signalé le sociologue Robert Castel, « état de croissance » et « croissance de l'État social » sont deux phénomènes en synergie : ils constituent le socle du compromis de la société salariale. Le partage des fruits de la croissance n'a pas remis en cause les rapports sociaux, il les a simplement apaisés par l'édification d'un État social organisant la redistribution des richesses et offrant une sécurité de l'existence aux travailleurs. La fin de la croissance économique bouleverse cet équilibre : l'État social, qui y était arrimé, en subit le ralentissement, tandis que l'ouverture des frontières soumet les travailleurs au dumping social. Ainsi, les recettes n'étant plus extensibles à l'infini, les dépenses sociales deviennent excessives au regard des ressources disponibles, dans un contexte d'accroissement des besoins (chômage, vieillissement de la population, etc.). On parle de plus en plus de « charges » sociales pour qualifier les cotisations et on tend à remplacer le financement assurantiel par la fiscalité.

15. Beverly J. Silver, *Forces of Labor. Workers' movements and globalization since 1870*, Cambridge University Press, 2003.

La croissance économique est encore à l'origine d'un autre déraillement, auquel on a donné le nom d'« anthropocène[16] ». La crise écologique est d'origine humaine. C'est le « choix du feu » dont parle le sociologue Alain Gras : l'édification d'une société thermo-industrielle qui prend sa source dans la domestication de l'eau par le feu à travers l'invention de la machine à vapeur et le recours au charbon[17]. Or, ce pari prométhéen rencontre aujourd'hui ses limites physiques : « Le réel, c'est quand on se cogne », disait Jacques Lacan… En 1972, le rapport *Les Limites à la croissance* (également nommé « rapport Meadows ») alerte les opinions publiques. Sous l'égide du Club de Rome, un cercle de réflexion composé d'industriels (notamment de l'automobile), de hauts fonctionnaires et d'économistes, il délivre des scénarios prospectifs relatifs au risque d'épuisement des ressources naturelles et aux incidences de ce phénomène sur nos organisations économiques et sociales. Il conclut à la nécessité d'une « croissance zéro » – c'est-à-dire un état stationnaire où la recherche de la qualité de vie l'emporte sur la quantité de biens possédés.

Cette prise de conscience internationale s'accompagne rapidement de nouvelles théories, formalisées par des bio-économistes tels que Nicholas Georgescu-Roegen ou Herman Daly, pour qui il est indispensable de penser le système économique non pas en vase clos, mais à l'intérieur d'un écosystème. L'Union européenne tente alors de

16. Popularisé à la fin du XXe siècle par le météorologue et chimiste de l'atmosphère Josef Krutzen (prix Nobel de chimie en 1995), ce terme désigne une nouvelle époque géologique qui aurait débuté à la fin du XVIIIe siècle avec la révolution industrielle, lorsque les activités humaines ont commencé à avoir un impact significatif sur l'écosystème terrestre.
17. Alain Gras, *Le Choix du feu. Aux origines de la crise climatique*, Fayard, 2007.

relever le défi. Le président de la Commission de l'époque, Sicco Mansholt, pourtant cheville ouvrière de la politique agricole commune, et à ce titre fervent défenseur jusque-là de l'agriculture productiviste, prend des positions fortes en faveur de la croissance zéro, voire négative. Mais, dans le contexte de la guerre froide, de la crise pétrolière et de la montée du chômage, ces intentions resteront lettre morte. Le retrait des États-Unis de l'Accord de Paris sur le climat (signé en 2015) témoigne du chemin qu'il reste à parcourir, quarante-cinq ans plus tard…

Cette crise de la croissance, à mes yeux, est donc d'abord une crise de sens. C'est une crise de notre rapport au temps, à l'histoire. La croissance a généré des maux écologiques, son arrêt génère des maux sociaux. Mais, pour autant, la fin de la croissance ne doit pas aboutir à celle du progrès. Si l'on remonte aux origines grecques du mot, la *krisis*, en médecine, est un moment décisif de la maladie, un instant « critique » qui exige une décision. De la sorte, la crise est aussi une brèche qui s'ouvre, un *kairos* : un moment opportun pour trouver une issue. C'est ce chemin du progrès qu'il nous faut aujourd'hui retrouver.

Cette approche peut-elle être celle d'un jeune de 20 ou 25 ans ? Et d'ailleurs, y a-t-il encore un modèle pour lui ?

T. D. : Du fait de cette crise de sens, l'horizon d'attente des jeunes a changé. S'ils n'ont pas la nostalgie du passé, ils ont l'angoisse de l'avenir et se réfugient dans le présent. Ce « présentisme », pour reprendre l'expression de l'historien François Hartog[18], se manifeste de plusieurs manières. Il peut être matérialiste, à travers les « marques »

18. Voir notamment François Hartog, *Régimes d'historicité. Présentisme et expériences*, Points, 2015.

qui composent l'environnement symbolique des jeunes ou les industries de loisirs qui les divertissent. Mais il peut aussi être éthique, avec la promotion de valeurs et de nouveaux modes de vie plus respectueux de l'environnement. Il peut enfin être civique, avec des engagements associatifs. Alexis de Tocqueville disait que chaque génération est un peuple nouveau : cela n'a jamais été aussi vrai. Les jeunes ne doivent pas être les héritiers d'un ancien modèle, mais les inventeurs de la société qu'ils désirent.

Encore faudrait-il qu'on leur en donne les moyens. Et force est de constater qu'il n'en est rien quand on observe leurs difficultés d'insertion sur le marché du travail, les chiffres de la pauvreté (qui concernent une personne de 18 à 24 ans sur quatre) ou les inégalités d'accès à l'enseignement supérieur. Près d'un tiers des étudiants sont enfants de cadres supérieurs et seulement un dixième ont des parents ouvriers. Les jeunes issus de milieux populaires sont très peu présents dans les filières sélectives, les masters ou les doctorats. Dans les écoles de commerce, il n'y a que 2,5 % d'enfants d'ouvriers et 4,5 % d'enfants d'employés[19]. Désirer est-il encore permis à tous quand on est jeune ? Cette année, nous fêtons le cinquantenaire de Mai 68. Un nouveau printemps de la jeunesse redonnerait un peu de sève à la France !

Stéphane Junique, vous êtes un dirigeant, mais aussi un acteur engagé. Comment percevez-vous cette société française que l'on dit fracturée ?

S. J. : Les fractures sont réelles, mais la France dispose d'atouts formidables. Notre pays est l'un des plus riches

19. « Les milieux populaires largement sous-représentés dans l'enseignement supérieur », Observatoire des inégalités, 1er septembre 2017.

de la planète. Chaque année, la dépense publique est de 1 200 milliards d'euros pour soigner, enseigner et garantir la sécurité des citoyens. Concernant le secteur que je connais le mieux, celui de la santé, nous nous situons au 5e rang mondial pour l'adéquation des infrastructures de santé aux besoins de la société. La France est une terre d'innovation. Dans nos CHU (centres hospitaliers universitaires), nous disposons d'équipes de chercheurs qui comptent parmi les cent premières mondiales. La santé et le bien-être sont des secteurs en plein essor, ce qui est une source d'optimisme pour l'économie française. Les industries de santé représentent 200 000 emplois, dont 30 000 pour le seul secteur de la santé numérique. La France est le premier producteur européen de biotechnologies, elle s'appuie sur des start-up de pointe. Et je suis convaincu que nous pouvons aller plus loin encore. Nous disposons de tous les potentiels d'une société créative, qui doivent nous permettre d'être au centre des grandes évolutions en matière de santé pour les vingt prochaines années.

Cependant, en dépit de ces différents atouts, les Français sont pessimistes quand ils pensent à l'avenir. De fait, au cœur des difficultés de notre pays se trouvent deux problèmes majeurs. Le premier, c'est la persistance de déséquilibres qui minent la cohésion sociale. Les mutualistes le constatent chaque jour : il existe d'importantes inégalités dans l'accès aux soins. En 2014, ce sont les ménages d'employés et d'ouvriers qui déclarent le plus avoir renoncé à des soins – traitements dentaires ou achat de lunettes – pour des raisons financières. Les chômeurs sont particulièrement concernés, avec 40 % de renoncements déclarés (contre 37 % en 2012). Et ces inégalités, plus importantes en France que dans les autres pays européens comparables, vont en s'aggravant[20]. C'est par exemple le cas de l'obésité, qui touche davantage les enfants d'ouvriers que ceux de cadres. La proportion d'enfants obèses s'élève respectivement à 5,8 % (familles d'ouvriers) et 1,3 % (familles de cadres) en grande section de maternelle ; les chiffres sont à peu près identiques au niveau du CM2 : 5,5 % et 1,4 %[21]. Il en va de même pour le tabac, responsable de 75 000 décès par an, alors même qu'il est la principale cause de mortalité évitable en France. Or, 48 % des chômeurs fument quotidiennement, contre 30 % des actifs occupés. La prévalence du tabagisme quotidien se révèle la plus élevée parmi les ouvriers (42 %) et la plus faible chez les cadres (19 %)[22].

À ces inégalités sociales s'ajoutent des inégalités géographiques d'accès aux soins qui, elles aussi, s'accentuent. Les déserts sanitaires concernent déjà au moins 8 % de la population française, mais ce chiffre est en augmentation rapide, car la demande induite par le vieillissement de la population et la chronicisation de certaines pathologies se heurte à une offre par endroits lacunaire[23]. Il est donc urgent de créer les conditions d'une nouvelle solidarité géographique et professionnelle dans l'organisation des soins.

Devant ces chiffres implacables – qui n'illustrent qu'une partie des inégalités de santé – on ne peut que regretter que de telles injustices fassent aussi peu l'objet de politiques publiques explicites et soient vues essentiellement à travers le prisme de l'accès financier aux soins. C'est d'autant plus

20. « Enquête santé et protection sociale », Institut de recherche et documentation en économie de la santé, 2014.
21. « Enquêtes nationales de santé en milieu scolaire », Drees-DGESCO.
22. « L'état de santé de la population en France », Drees, 2017.
23. Sylvie Castaigne et Yann Lasnier, « Les déserts médicaux », rapport du Cese, 2017.

urgent que la question du non-recours aux droits sociaux prend de l'ampleur en France.

Le second problème est plus profond encore : il concerne les inégalités dans le rapport à l'avenir. Je partage le constat préoccupant de Thierry Pech : « Selon sa situation professionnelle, son niveau de qualification, sa position sur le territoire, on ne dispose pas de la même maîtrise de son avenir, on n'exerce pas la même liberté de choix sur sa propre vie[24]. » Cette inégale maîtrise de l'avenir alimente le sentiment d'une société fracturée et bloquée. Rappelons qu'un tiers des enfants d'ouvriers et d'employés accèdent à des emplois de cadres et de professions intermédiaires : c'est une bonne chose, cela signifie que la mobilité ascendante existe… mais cette proportion n'a pas bougé depuis un quart de siècle ! L'ascenseur social, dans notre pays, n'est pas en panne, mais il fonctionne au ralenti. Cette situation nourrit le pessimisme des Français quand ils pensent aux générations futures : ils sont 60 % à considérer que leurs enfants vivront moins bien qu'eux dans la société de demain[25].

Face à cette fracture, il y a urgence à définir les contours d'une société plus fluide, où les chances de progression des individus seront en rapport avec leurs efforts et leurs talents plutôt que dictées par leur origine ou leur héritage. Cela signifie que la lutte contre les inégalités n'est pas seulement un enjeu de redistribution monétaire : il s'agit de redonner à chacun des raisons de croire en l'avenir, de recréer des chances pour tous. Pour cela, il faudra davantage de solutions personnalisées, et ce d'autant plus que les parcours

24. Thierry Pech, *Insoumissions. Portrait de la France qui vient*, Seuil, 2017.
25. Sondage Ipsos réalisé en novembre 2017.

de vie et les destins professionnels changent aussi : ils sont moins linéaires que par le passé, avec des superpositions de statuts et de situations. Il faudra bien faire face à ces pluralités de trajectoires, anticiper des ruptures plus fréquentes, avec de nouvelles formes de travail – plateformes collaboratives, auto-entrepreneurs, etc. – et un marché de l'emploi impacté par la numérisation et la robotisation de la production, qui contraindront des centaines de milliers de travailleurs à faire évoluer leurs compétences ou à se reconvertir. Au regard de ces mutations, nous avons une responsabilité : celle d'imaginer l'accompagnement, les protections et les nouveaux services que nous devrons apporter pour permettre à chacun de construire sa vie en fonction non seulement de ses capacités, mais également de ses désirs.

Cette notion de protection sociale personnalisée est-elle récente ?

S. J. : L'idée de ne plus attacher les droits sociaux à l'emploi occupé mais à l'individu n'est pas nouvelle. En 1995, le rapport Boissonnat, « Le travail dans vingt ans », pointait déjà ces enjeux ; en 1999, le juriste Alain Supiot défendait l'idée de « droits de tirage sociaux », tandis que les syndicats portent depuis plusieurs années l'idée de « sécurité sociale professionnelle ».

Alors qu'il existe aujourd'hui une diversité de besoins, de parcours de vie et de santé, de trajectoires professionnelles et familiales, il est nécessaire de construire une protection sociale attachée aux personnes plutôt qu'aux statuts d'emploi. Les droits qui en découlent doivent être conçus comme des instruments permettant à chacun de bâtir son activité et son avenir. C'est une piste importante en ce sens qu'elle nous invite à repenser le rôle de l'État social tel que nous l'avons connu dans les décennies d'après-guerre. Au moment de la création de la Sécurité sociale, en 1945, c'est l'activité professionnelle qui était à l'origine de l'ouverture de droits. Il s'agissait davantage de compenser la perte de revenus consécutive à la maladie, par exemple, que d'apporter des réponses à la maladie elle-même. C'est sous l'effet du progrès médical et du développement considérable de l'offre de soins que les prestations en nature sont devenues majoritaires dans les dépenses de l'Assurance maladie. On l'a oublié, mais, jusqu'en 1958, les revenus de remplacement représentaient plus de 50 % des dépenses !

Ainsi, il ne faudrait pas que des références erronées à l'idéal de 1945 – qui eurent toute leur signification il y a plus de soixante-dix ans – dissimulent les nécessaires réformes à mener pour accompagner les nouveaux besoins sociaux. Ce dont l'État devrait avoir le souci, ce n'est plus seulement de compenser, de corriger, de panser, mais de rendre possible, d'armer, d'aider chacun à rester maître de son destin.

Il ne s'agit nullement d'exonérer l'État de ses responsabilités. Au contraire : il est question de redéfinir ses priorités et ses interventions, mais aussi de reconnaître le rôle de nouveaux acteurs qui contribuent à la réalisation de ces missions ou les prolongent. Et j'y vois une véritable opportunité pour les mutualistes.

Notre modèle social ne reposera plus sur l'idée de « la » protection sociale, mais « des » protections sociales adaptées aux besoins et aux parcours de vie de chacun. Bien sûr, la personnalisation des droits ne doit pas signifier l'éclatement des formes collectives de solidarité : il s'agit de construire des droits collectifs mais attachés à des personnes, et s'exerçant donc individuellement. Pour moi, réponse collective et réponse personnalisée sont totalement compatibles. C'est une occasion de reconstruire du collectif sur de nouvelles bases. C'est pourquoi les mutualistes doivent s'engager avec volontarisme dans cette transformation de notre modèle de protection sociale. Attachés à promouvoir l'égalité des droits en garantissant le financement des droits individuels, ils disposent de solides atouts pour répondre à la révolution induite par le développement de droits portables et fongibles. Cela renforce leur positionnement comme acteurs globaux de santé et de protection sociale.

T. D. : Le fait que la protection sociale collective se soit forgée, après-guerre, autour d'une société du travail, ainsi que Stéphane vient de la décrire, relève d'un processus historique. Dans la société moderne, le travail est devenu une valeur cardinale. La philosophie hégélienne en a fait la condition de la libération de l'homme : on retrouve cette inspiration dans le marxisme, où l'émancipation de l'humanité dépend de la classe ouvrière. Pourtant, dans un système capitaliste, le travail peut être aliénant en ce qu'il constitue une dépossession de l'individu. En se vendant à un autre, l'homme est rendu étranger au produit de son travail. Le lien de subordination inhérent au contrat de travail introduit une asymétrie entre l'employeur et son employé. C'est pourquoi le mouvement ouvrier et ses théoriciens ont longtemps critiqué le régime du salariat. Le mouvement coopératif de production en est une tentative de dépassement.

Néanmoins, c'est bien autour du salariat que se sont agrégés nos droits sociaux, comme le rappelle Robert

Castel[26]. Au-delà du droit du travail et des protections qu'il crée (contre les risques, les licenciements, etc.), c'est tout l'État-providence qui se fonde sur le salariat. Au cours du XXe siècle, et particulièrement à la Libération, il devient le support de la citoyenneté sociale. La Sécurité sociale est financée par le travail ; l'accès à ses prestations, dans le cas du chômage et des retraites, est conditionné au travail. Le déraillement actuel tient principalement à deux facteurs : le chômage (plus de prestations sociales et moins de cotisations) et le vieillissement de la population (davantage de dépenses de retraites et de santé).

Ce paradigme explique pourquoi Robert Castel s'est opposé au revenu universel : les droits sociaux étant historiquement liés au salariat, toute tentative d'établir une société post-salariale engendrerait, selon lui, un délitement de la protection sociale. Mais on ne peut pas éternellement regarder dans le rétroviseur !

La dualisation de la protection sociale est un fait : le système assurantiel (Sécurité sociale) est aujourd'hui couplé à un système assistantiel (solidarité nationale). Pour réduire les tensions qui découlent de cette dualisation, il convient de réaliser une synthèse entre l'universalité et la personnalisation de la protection sociale. On peut certes déplorer la segmentation du travail et le chômage de masse, mais ils sont là. Face à cette réalité, il est tout à fait possible de poursuivre simultanément l'objectif de l'accès à l'emploi et celui d'une sécurisation. Les politiques sociales et celles pour l'emploi ne sont pas antinomiques – tout comme le revenu universel n'est pas l'ennemi du travail.

26. Robert Castel, *Les Métamorphoses de la question sociale. Une chronique du salariat*, Fayard, 1995.

Un dispositif tel que le compte personnel d'activité (CPA), qui ouvre des droits attachés à la personne[27], pourrait servir de support. Le revenu universel n'aurait pas nécessairement à prendre la forme d'une allocation unique (un même montant versé à tous sans conditions de ressources). Il s'agit avant tout d'assurer une garantie de revenu à tous et de reconnaître la pluriactivité des individus. En effet, l'activité humaine ne se réduit pas à l'activité économique (dont la forme la plus répandue est le travail salarié). Elle peut se déployer à travers le bénévolat, l'aidance, les arts et la culture… Un CPA renforcé permettrait à la fois de reconnaître cette complexité et d'accompagner les parcours des citoyens en optimisant leur couverture sociale, en particulier durant les périodes de transition, pour accroître le recours aux droits sociaux et éviter les ruptures. Il y aurait personnalisation des droits, puisque ce compte pourrait suivre le parcours de chacun et organiser ses droits de tirage, et universalité, puisque ceux-ci seraient potentiellement ouverts à tous (quand bien même ils ne seraient pas activables en même temps).

Le prélèvement de l'impôt à la source, indispensable dans une société moderne, indiquera quasiment en temps réel l'évolution des revenus des individus, ce qui rendra le CPA beaucoup plus agile pour activer les droits au moment où l'on en a besoin. Cela obligera en outre à repenser la cohérence d'ensemble du système socio-fiscal, à engager sa simplification et à résorber ses points de fragilité. Par exemple, il est urgent de réformer le revenu de solidarité

---

27. Mis en œuvre au 1er janvier 2017, le CPA intègre le compte personnel de formation, le compte de pénibilité et le compte d'engagement citoyen (permettant de valider des compétences acquises dans des activités bénévoles ou de volontariat).

active (RSA), qui ne joue ni son rôle de filet de sécurité (plus de 30 % de non-recours, et les jeunes de 18-24 ans en sont exclus) ni son rôle d'insertion dans le monde du travail. La pauvreté n'est plus tolérable dans nos sociétés d'abondance. Et qu'on ne me dise pas que nous n'en avons pas les moyens ! En 2015, les dépenses pour les minima sociaux se sont élevées à 25 milliards d'euros. Cela ne représente qu'1,2 % du PIB, alors que 7 millions de personnes – soit plus de 10 % de la population – en bénéficient[28]. Quand on compte 9 millions de pauvres, la lutte contre la pauvreté devient une priorité !

En clair, il faut redonner de l'ambition à notre système de protection sociale. C'est le ciment de la République : quand il se fissure, c'est la démocratie qui vacille.

Finalement, vous vous rejoignez sur le fait que, pour des raisons historiques ou autres, le système est à bout de souffle et qu'une voie se dessine vers un système de protection plus personnalisé. Cependant, les transformations en cours font parfois peur aux Français. Comprenez-vous ces inquiétudes ?

S. J. : Il est légitime que ces transformations suscitent des inquiétudes, car c'est une nouvelle architecture pour notre système de protection sociale qui se dessine. Sa métamorphose doit garantir à chacun le droit à une vie personnelle et professionnelle de qualité, avec des droits sociaux nouveaux combinant protection et promotion sociale. Dans cette refondation, « protéger », ce n'est plus seulement réparer, apporter un revenu de substitution à ceux

---

28. Pierre-Yves Cabannes et Lucile Richet-Mastain (dir.), *Minima sociaux et prestations sociales. Ménages aux revenus modestes et redistribution*, Drees, 2017.

sur qui l'adversité s'est abattue. Il s'agit d'équiper les individus d'outils et de moyens pour leur permettre de traverser au mieux les turbulences de l'existence, de transformer les ruptures en transitions, de les accompagner pour qu'ils ne restent pas seuls face aux difficultés. C'est ambitieux, alors ne perdons plus de temps. Mobilisons les acteurs qui seront utiles pour construire ces outils !

Après le brouillard, généralement, il y a le soleil… La volonté de changement de la jeune génération en témoigne.

T. D. : La génération Y – celle née dans les années 1980 – a en effet une responsabilité. Le « Y » a une symbolique très particulière. Chez les pythagoriciens, il représente la croisée des chemins : c'est le moment du choix, de la bifurcation. Le monde associatif regorge d'initiatives formidables qui peuvent accueillir l'engagement des jeunes : les ressourceries (récupération, revalorisation et revente de produits dont leurs propriétaires n'ont plus besoin), les accorderies (échanges de services sans contrepartie), les monnaies locales, les Amap (associations pour le maintien d'une agriculture paysanne)… Cette génération est réceptive au fameux slogan : « Plus de liens, moins de biens ».

Je rejoins Stéphane quand il prend soin de distinguer personnalisation et individualisme. L'enjeu de la protection sociale n'est évidemment pas de favoriser le repli sur soi et sur sa vie privée. L'idée, c'est de compléter la protection sociale redistributive par le développement social réciprocitaire ou, pour le dire autrement, la solidarité (institutionnelle) par la fraternité (vécue). Il faut renverser le Y : c'est à la convergence des chemins qu'il faut désormais travailler. Et l'ESS doit participer aux réarrangements institutionnels en changeant d'échelle. Il ne s'agit pas d'abandonner les notions de proximité et d'ancrage territorial – « *small* » peut rester « *beautiful* » – mais de fédérer ces initiatives autour d'un projet commun plus global. Car la société civile a beaucoup à apporter à la construction de l'intérêt général.

Chapitre 2
UN MONDE EN DEVENIR : S'ENGAGER POUR UN PÔLE DES SOLIDARITÉS ACTIVES

Stéphane Junique, nous avons dressé l'état des lieux d'un système qui devra se transformer, et Timothée Duverger vient d'évoquer la nécessaire implication de la société civile. Vous-même avez l'ambition de créer un « pôle des solidarités actives » en matière de santé – et au-delà. Que recouvre-t-il ?

S. J. : Ce pôle des solidarités actives porte une triple ambition. La première est de défendre et de légitimer le rôle et la place des acteurs des solidarités spontanées.

De quoi s'agit-il ? Notre modèle social s'appuie sur trois piliers complémentaires. Le premier, c'est la solidarité familiale. C'est la plus naturelle, celle du cœur et du sang. On ne se pose pas de questions au moment d'aider son enfant, ses parents ou ses grands-parents : c'est l'évidence. Les solidarités familiales sont précieuses car, par nature, ce sont celles qui s'adaptent le plus rapidement aux besoins entre générations. À ce titre, les transferts financiers intrafamiliaux sont un bon révélateur de la nécessité des redistributions, que les systèmes de protection sociale ont souvent du mal à appréhender.

Le rôle des aidants n'est pas une nouveauté : la solidarité familiale a de tout temps existé. Mais l'allongement de la durée de la vie et le développement des maladies chroniques ont rendu leur action d'autant plus indispensable.

Dans notre pays, ce sont 8,3 millions de personnes qui soutiennent et accompagnent un proche, lui apportant une aide irremplaçable dans la vie quotidienne, un soutien moral et parfois financier. Sans ces aidants, beaucoup de personnes âgées, handicapées ou malades vivraient dans des conditions ou en des lieux qui n'ont rien à voir avec ceux qu'ils connaissent aujourd'hui. Je tiens d'ailleurs à souligner que, dans le cas d'un proche souffrant de maladie chronique, par exemple, les aidants interviennent non seulement dans les actes de la vie courante, mais également dans le parcours de santé. Ils sont amenés à prodiguer des soins, à prendre en charge la gestion et l'administration de médicaments et, bien sûr, à coordonner les interventions à domicile des professionnels sanitaires et médico-sociaux.

Grâce à leur engagement, les aidants familiaux contribuent à fluidifier le parcours de soins, à faciliter le maintien ou le retour à domicile après une hospitalisation et à prévenir les situations à risque. À ce titre, ils sont des interlocuteurs et des appuis indispensables pour les professionnels concernés, mais ce ne sont pas des professionnels. C'est pourquoi il est de notre responsabilité de les reconnaître davantage et de les accompagner, en leur proposant une palette d'aides et de services. Leur rôle est désormais reconnu dans la loi, et de nouveaux droits leur ont été accordés, dont le « congé du proche aidant », entré en vigueur en janvier 2017 (même si nombre d'entreprises et de dirigeants avaient pris des initiatives en ce sens sans attendre ce cadre législatif). Cette reconnaissance est d'autant plus importante que le nombre des aidants, nous le savons, ne va cesser de croître dans les années qui viennent.

Le deuxième pilier de notre modèle social est celui de la solidarité nationale, incarnée par la Sécurité sociale.

C'est le bien le plus précieux, car il assure une dignité à chacun grâce à la solidarité de tous et entre tous. Notre système de protection a permis de mobiliser des sommes considérables pour sortir des millions de personnes de la misère matérielle, accroître le niveau de vie et sauver des femmes et des hommes au moyen d'un système de soins de qualité.

Grâce aux moyens consentis, aux progrès scientifiques, au suivi et à l'accompagnement des politiques de santé menées depuis l'après-guerre, les résultats sont là : la mortalité infantile a été divisée par 20 depuis 1945, et l'accroissement de l'espérance de vie a été spectaculaire. En 2017, un homme de 60 ans peut espérer vivre encore plus de 19 ans, et une femme plus de 25 ans : en moyenne, quatorze années de plus qu'il y a soixante ans[29] !

Le problème, cependant, est que notre système de protection sociale a construit des solidarités anonymes, mécaniques et automatiques. Il a eu pour effet pervers de favoriser le désengagement des citoyens. Pourquoi être volontairement solidaire puisque la Sécurité sociale est là ? Désincarnée, la solidarité nationale a déshumanisé la solidarité. Avec un immense malentendu : notre système de protection sociale est conçu pour atténuer les effets des accidents de la vie, pas pour les prévenir. Ni pour donner une place à chacun dans la société. Or, il existe d'autres formes de solidarité que la distribution d'allocations. Et même : les mécanismes de solidarité nationale ne sont viables qu'enracinés dans un terreau social suffisamment riche et solidaire. Ils ne résisteraient pas à la généralisation de la solitude et du chacun pour soi.

29. Source : Centre d'observation de la société.

C'est pourquoi il est urgent de défendre le troisième pilier des solidarités à l'échelle humaine –celui qui est incarné par les multiples formes de «solidarités actives»– tout en l'articulant à la solidarité nationale, bien entendu, afin d'éviter les risques de repli communautaire. De ce point de vue, les mutuelles constituent un bien commun pour leurs adhérents et pourraient jouer un rôle pivot dans la gestion des ressources de l'Assurance maladie. Or, au lieu de respecter leur spécificité, on s'acharne à les aligner sur le modèle de l'assurance privée.

En résumé, la solidarité n'est pas seulement l'affaire de l'État et des institutions sociales, elle concerne la société tout entière: les citoyens, les associations, les mutuelles, les entreprises, chacun d'entre nous. Il est urgent de défendre ces solidarités concrètes, fondées sur l'échange, la confiance et l'accompagnement. Telle est la première ambition du pôle des solidarités actives.

Vous en aviez annoncé trois, quelles sont les deux autres?

S. J.: La deuxième est de faire des stratégies d'investissement social une priorité. J'ai la conviction qu'il existe un autre chemin pour notre société que celui du profit immédiat. L'investissement social permet d'activer certaines dépenses de notre modèle social pour les rendre productrices de citoyenneté et répondre à des besoins aigus nécessitant davantage une offre de services qu'une distribution monétaire. Investir dans la petite enfance et l'éducation; organiser une prévention en santé plus précoce et optimiser le parcours de soins; favoriser l'emploi des femmes et l'égalité des sexes, aussi bien dans la vie professionnelle que dans l'organisation domestique; prolonger la vie active et l'améliorer; se former tout au long de la vie, etc. sont autant de pistes d'action et d'investissement pour le pôle des solidarités actives.

Enfin, la troisième ambition de ce pôle est de renouer avec un discours fort sur la confiance dans les acteurs de la société. Si la loi est indispensable à la définition du bien commun, elle ne peut pas tout faire. Les pouvoirs publics doivent avoir la sagesse et le réflexe de toujours écouter, observer et comprendre les mouvements profonds de notre société : une dynamique largement portée par les acteurs économiques et sociaux, dont les mutuelles font partie. C'est une respiration nécessaire à la démocratie. Car les institutions politiques ne progresseront pas en faisant reculer le dialogue citoyen et la démocratie sociale. C'est au contraire en leur donnant toute leur place et en s'appuyant sur leurs acteurs que la démocratie pourra se fortifier, se moderniser et rester ancrée dans la réalité vivante de notre pays.

C'est donc tout cela, le pôle des solidarités actives : assurer le présent et préparer l'avenir, penser la solidarité comme un investissement et porter l'engagement comme le flambeau d'un projet de société.

Parce que la France, selon vous, est en panne de projet de société ? Parleriez-vous de « déclin » ?

S. J. : Notre pays n'est pas en déclin, mais il est sans projet mobilisateur, replié sur lui-même, incapable de valoriser tout son potentiel humain et de trouver un chemin de progrès collectif pour s'en sortir. Il n'a pas besoin d'être « pris en main », mais de trouver en lui les ressorts nécessaires. Il a besoin que chacun s'engage, s'investisse, donne de soi-même aux autres. C'est pourquoi le pôle des solidarités actives est d'abord un appel à toutes celles et à tous ceux qui refusent de se résigner face aux inégalités et souhaitent participer à de nouvelles formes de solidarité. Nous le savons, les injustices et la pauvreté ne se « gèrent » pas : elles se combattent. On ne peut se résigner au simple constat des failles de notre société, comme si le reste – l'action – dépendait des autres. Je considère que nous ne devons pas tout attendre de l'État. Le pôle des solidarités actives matérialise la reconnaissance de la mobilisation de millions d'hommes et de femmes qui ont choisi de donner un peu de leur temps, de leur bonne volonté, de leur capacité à s'engager, en particulier auprès des associations et des fondations de toute sorte qui maillent le pays, ou encore auprès des mutuelles qui agissent en faveur de l'accès aux soins. Les besoins ne manquent pas !

Quels acteurs constituent ce pôle des solidarités actives ? Et qu'est-ce qui les réunit ?

S. J. : Ce pôle est avant tout une invitation à l'adresse des acteurs de l'économie sociale et solidaire pour qu'ils agissent davantage ensemble. Les associations, les mutuelles, les fondations et les coopératives symbolisent cet élan vers l'autre, cette solidarité généreuse qui anime un grand nombre de nos concitoyens et sans laquelle il ne peut y avoir ni équilibre ni cohésion. Elles apportent la chaleur, la dimension humaine, l'imagination qui font parfois défaut aux administrations ou aux entreprises privées classiques. En cela, elles sont irremplaçables.

Ce qui réunit ces acteurs, c'est qu'ils portent des principes communs : poursuivre un but autre que le partage des bénéfices ; instaurer une gouvernance démocratique en faisant travailler ensemble bénévoles et salariés dans leurs entreprises ; consacrer majoritairement leurs ressources à leur activité et disposer de réserves impartageables. C'est un secteur dynamique et fier de ses valeurs, qui ne manque ni d'idées ni de projets. Mais ses différents protagonistes peinent à travailler et à imaginer ensemble des solutions d'avenir : c'est leur fragilité. Dans la période actuelle, nous avons donc une forte responsabilité : sortir de nos prés carrés respectifs pour apporter ensemble des réponses sociales et économiques pertinentes aux mutations du marché du travail, à la croissance des maladies chroniques, à l'accompagnement du vieillissement de la population, aux conséquences des déserts sanitaires, etc.

Ces initiatives devront s'appuyer sur des acteurs qui décident d'investir sur le temps long et d'incarner cette économie de demain, durable ; des acteurs qui développent l'emploi au plus près des territoires, respectueux des femmes et des hommes ainsi que de l'environnement. Chacun tient entre ses mains une part de la solution des problèmes de notre société, et donc une part de notre avenir. C'est pourquoi le pôle des solidarités actives doit faciliter les stratégies d'alliance au service de l'action et des projets.

Les mutuelles ne peuvent-elles pas répondre seules à ces défis ?

S. J. : Nous avons un rôle important à jouer, mais pas tout seuls, même si j'ai la conviction que notre pays a plus que jamais besoin de mutualistes forts et engagés qui portent haut la voix de la solidarité et de l'accès aux soins. Face aux défis de notre système de santé et de protection sociale, notre responsabilité est grande : nous devons porter une vision neuve des questions de santé, en faisant la preuve de notre capacité à construire avec les différents acteurs impliqués des réponses en faveur de la transformation de notre système.

Par ailleurs, alors que la pérennité de notre modèle social est souvent interrogée, les mutualistes doivent se positionner davantage encore comme des maillons indispensables de la chaîne de solidarité dont notre pays a besoin pour lutter contre les inégalités sociales et territoriales de santé, qui minent la cohésion sociale et la confiance dans l'avenir, mais aussi poursuivre leur action pour la diminution des reste-à-charge, qui sont la principale raison du renoncement aux soins.

Enfin, nous devons anticiper les transformations à venir pour conforter nos mutuelles et préparer les réponses mutualistes de demain. Cela suppose de faire évoluer notre rôle : nos adhérents veulent des mutuelles partenaires qui les accompagnent au quotidien sur les questions de santé, de prévention, de prévoyance, d'épargne retraite, de services quotidiens, et pas seulement au moment où des problèmes de santé se présentent. Les possibilités sont innombrables ! Notre avenir ne sera pas celui de simples « payeurs de prestations », mais de véritables fabriques de protection sociale collective et d'innovation sociale, grâce notamment à toutes les possibilités offertes par les nouvelles technologies.

Ces mutations sont déjà en germe ou bien engagées. La création du groupe VYV[30] en est une belle illustration. En protégeant un Français sur six, VYV devient le premier groupe mutualiste de protection sociale dans notre pays. C'est inédit : jamais une structure mutualiste n'a joué un rôle aussi important dans la protection sociale, le soin et

30. Présidé par Thierry Beaudet, le groupe VYV, fruit du rapprochement en 2017 entre les groupes MGEN, Istya et Harmonie Mutuelle, est le premier acteur de l'assurance santé et le premier opérateur national de services de soins et d'accompagnement.

l'accompagnement des citoyens. C'est pourquoi nous devons passer à la vitesse supérieure. Il y a de réels espaces à prendre pour «refaire mutualité». C'est ainsi que nous pourrons ouvrir de nouveaux horizons de développement et jouer un rôle moteur au service de la société. Je suis extrêmement optimiste et confiant sur la place des mutualistes pour demain, en particulier dans la perspective du pôle des solidarités actives.

On a bien vu, dans vos parcours respectifs, la logique qui vous conduit aujourd'hui à vous engager dans la défense de ce pôle des solidarités actives. Comment concevez-vous cet engagement? Et comment faire en sorte qu'il s'étende dans la société?

S. J.: Alors que nombreux sont ceux qui craignent la fragmentation de notre société, il existe un terreau fertile pour porter une volonté de transformation sociale. Les acteurs mutualistes, associatifs et coopératifs sont des architectes de ces solidarités actives. Ils constituent des structures d'accueil et d'action au sein desquelles cette envie d'engagement peut s'épanouir. Ils génèrent de la civilité, du lien social et de la fraternité. Par leurs activités, au plus près de chaque citoyen, comme par l'esprit désintéressé qui les inspire, ils concourent à l'intérêt général. Ils sont une école de l'engagement, de l'émancipation, et le terreau d'une démocratie collaborative. Car la démocratie ne surgit pas par génération spontanée. Notre pays comprend plus de 13 millions de bénévoles engagés dans plus d'un million d'associations. Cette extraordinaire vitalité du bénévolat renvoie l'image d'une France solidaire et généreuse, soucieuse de l'intérêt général, d'une France au service des autres. Notre démarche est de le faire savoir et de donner envie de s'engager dans une association, une mutuelle, une fondation, etc. Elle est de permettre à chacun de sauter le pas, pour faire beaucoup ou un peu… Faire vivre et conforter les solidarités actives est une grande ambition, mais celle-ci ne se réalisera que par l'implication de tous.

Je vois dans ce projet une chance formidable pour réaffirmer l'importance de l'engagement mutualiste. Qui sait aujourd'hui que les mutuelles sont des lieux d'implication pour des dizaines de milliers de bénévoles ? On l'oublie souvent, mais les mutuelles sont des sociétés de personnes, et non de capitaux. L'esprit des mutuelles c'est : « Une femme ou un homme égale une voix. » Chaque adhérent participe, directement ou indirectement, aux choix collectifs lors des assemblées générales ; il concourt à la désignation de ses dirigeants, à la validation de leur stratégie et au contrôle de leur gestion. Chacun peut prendre des responsabilités dans une mutuelle : être élu délégué, administrateur ou encore président !

Cette gouvernance démocratique ne fait pas obstacle à une gestion efficace. Si, comme tant d'autres mutuelles, Harmonie fonctionne aussi bien, c'est parce que chaque jour, aux côtés des salariés, des femmes et des hommes s'engagent concrètement sur le terrain au bénéfice de ses adhérents, *via* notamment l'organisation d'ateliers de prévention, de conférences sur la santé, de partenariats sportifs, culturels ou solidaires. Harmonie mène chaque année plus de trois mille actions partout en France. Par ailleurs, les délégués mutualistes participent à l'attribution d'aides sociales pour soutenir les adhérents en difficulté, et au développement de l'offre de soins et de services de proximité gérés par les mutuelles.

De cette gouvernance naît un lien fort entre l'adhérent et sa mutuelle, mais ce lien n'est pas mécanique. On doit le renforcer en permanence en favorisant les pratiques militantes de proximité, en assurant la parité, le rajeunissement et la diversité des délégués, de sorte que les dirigeants soient à l'image de la population protégée par la mutuelle.

La capacité d'innovation des mutuelles sera d'autant plus grande que celles-ci sauront promouvoir les potentialités de chacun et mêler les compétences de tous. C'est pourquoi elles doivent innover pour préserver l'originalité du caractère démocratique de leur gouvernance. À l'occasion des élections qu'Harmonie Mutuelle organisera en février 2019, nous augmenterons de 30 % le nombre des délégués pour représenter la diversité des 4,6 millions d'adhérents. Nous venons de créer le statut de « volontaire mutualiste », qui permettra d'associer plus facilement des adhérents qui souhaitent s'impliquer temporairement dans les actions portées par la mutuelle. Et, afin de créer un lien avec la jeunesse, nous avons recruté près d'une centaine de jeunes volontaires du service civique. Je crois dans la pertinence et la force de l'engagement mutualiste de proximité. C'est ainsi que nous pourrons tisser des alliances avec les autres acteurs des solidarités actives.

Les Français et l'ESS

Selon un sondage réalisé par Viavoice pour Harmonie Mutuelle en 2015 :

– 52 % des Français voient l'ESS comme un modèle économique alternatif : local, durable, équitable, etc. (par opposition au modèle dominant) et 15 % comme un modèle économique basé sur la démocratie interne et la

redistribution des bénéfices.
– Alors que les associations, entreprises sociales, coopératives et fondations sont majoritairement perçues (par plus de 50 % des sondés) comme des acteurs de l'ESS, seuls 41 % des Français associent les mutuelles à cette forme d'économie.
– 68 % pensent que l'ESS est le modèle économique de l'avenir et 70 % qu'il s'agit d'un modèle crédible dans le monde actuel ; 54 % se sentent proches de ce modèle.
– À la question : « Selon vous, qui agit le plus pour l'économie sociale et solidaire ? », les Français répondent à 62 % les associations et à 46 % les citoyens, mais seuls 14 % évoquent les syndicats de salariés, 12 % les élus locaux et 10 % le gouvernement.
– 79 % des sondés sont d'accord avec l'idée que l'ESS devrait davantage être valorisée par les pouvoirs publics, même si 76 % ne se sentent pas assez informés sur le sujet. En outre, 65 % estiment que les principes de l'économie sociale et solidaire devraient s'appliquer à toutes les entreprises.
– 53 % des sondés pensent que les entreprises à but non lucratif gèrent mieux l'argent que les autres, car elles le font dans l'intérêt de tous, et 59 % font confiance à des organisations à but non lucratif ou à lucrativité limitée.

Et vous, Timothée Duverger, comment percevez-vous l'engagement des Français dans le secteur du non-lucratif ? Qu'est-ce qui a changé au cours de l'histoire et par rapport à l'effervescence post-Mai 68, par exemple ?

T. D. : En France, l'engagement dans la société civile est un défi, en raison d'un État très centralisé qui a longtemps réprimé tout ce qui relève de l'action collective – considérant, depuis la loi Le Chapelier de 1791, qu'il ne devait rien y avoir entre l'État et l'individu, pas de corps intermédiaires entre l'intérêt général et l'intérêt particulier (à l'exception notable des chambres de commerce sous Napoléon, sans doute moins dérangeantes pour le pouvoir en place). Cela a tout de même changé à partir de la fin du XIXe siècle, avec la création, sous la IIIe République, de statuts juridiques pour les mutuelles, les coopératives, les associations, les syndicats, etc. Et plus encore il y a une cinquantaine d'années. La génération qui est devenue adulte dans les années 1960-1970, celle qui a fait Mai 68, cette génération issue du baby-boom, plus diplômée que les précédentes, s'est davantage engagée dans la vie associative, d'où un rattrapage du retard français. Avec plus de 13 millions de bénévoles, la France se situe aujourd'hui dans la moyenne européenne[31].

Toutefois, en quatre décennies, cet engagement s'est transformé : il est plus ponctuel et discontinu que par le passé. Il est aussi moins idéologique, dans la mesure où il y avait auparavant des organisations structurantes qui fixaient le sens des engagements. Or, aujourd'hui, le déclin électoral du Parti communiste est patent, la CGT perd peu à peu sa position dominante… Du côté religieux, ce n'est guère mieux ; en dépit de phénomènes marginaux de radicalisation, on observe une sécularisation croissante des sociétés. L'engagement devient de la sorte plus éthique que politique ou religieux. La question principale est alors : « Quel sens est-ce que je donne à ma vie ? » Et non plus : « Comment ma vie prend-elle sens dans l'histoire ? » Les individus veulent être utiles à la société *et* s'épanouir personnellement.

31. Dominique Thierry *et al.*, « L'évolution de l'engagement bénévole associatif en France de 2010 à 2016 », étude de France Bénévolat, mars 2016.

Cette mutation découle d'un processus d'individualisation imputable notamment à la société de consommation, qui prône et organise la jouissance immédiate. Le rapport au temps en est bouleversé, d'où ce « présentisme » que j'évoquais précédemment. Le messianisme incarné par le communisme a été relégué. L'enjeu n'est plus de préparer la révolution pour demain, mais d'agir ici et maintenant.

Le secteur mutualiste en cinq dates clés

– 1850 : première loi sur les sociétés de secours mutuel. Elle reconnaît la nécessité de prendre en charge la maladie et acte la séparation entre les syndicats et les mutuelles.

– 1898 : adoption de la Charte de la mutualité, une grande loi qui libéralise les mutuelles.

– 1902 : création de la Fédération nationale de la Mutualité française (FNMF).

– 1928-1930 : adoption des lois d'assurances sociales qui rendent obligatoire l'affiliation à une mutuelle pour les salariés les plus défavorisés.

– 1945 : création de la Sécurité sociale. Le statut de la Mutualité est défini par ordonnance. Elle est reconnue comme le principal organisme de complémentaire santé.

Donc, les formes d'engagement ont changé. Mais comment cela se traduit-il concrètement dans le secteur qui nous occupe, à savoir celui du non-lucratif ?

T. D. : Contrairement aux idées reçues, les jeunes ne sont pas moins engagés. Si leur abstention aux élections n'est pas un phénomène nouveau, celui-ci tend à devenir durable. Le vote « par devoir » des générations précédentes paraît grippé. Mais ce phénomène ne signe pas la fin de l'engagement. Le sociologue Geoffrey Pleyers qualifie cette mutation d'«alter-activisme». Si les jeunes pensent global, avec une forte sensibilité à la question écologique, ils agissent local. Ils multiplient les initiatives de transition, par exemple pour contester la société de consommation. Certaines peuvent être collectives, comme les mouvements en faveur de la justice climatique ou du revenu de base. D'autres individuelles, comme la simplicité volontaire, qui vise à réduire sa propre consommation pour le bien de la planète, ou le véganisme, qui refuse toute exploitation animale. Ainsi, 35% des jeunes de 18 à 30 ans ont une activité bénévole, souvent dans une petite association, et 23% d'entre eux y sont très actifs[32]. Tout l'enjeu, pour l'ESS, est donc de capter ces sources vives d'engagement, qui évoluent souvent en marge de ses organisations. D'où l'essor de nombre de formations répondant à cette appétence. Même les écoles de commerce s'y mettent. L'Essec a par exemple créé il y a quinze ans une chaire sur l'entrepreneuriat social, ce qui est tout de même significatif. Cela tient au fait que les jeunes qui entrent aujourd'hui en école de commerce ne sont pas tous motivés par le seul appât du gain! Au-delà de la réussite matérielle et des avantages symboliques qui y sont liés, ils sont en quête de sens. L'argent ne suffit plus à les motiver, ils veulent vivre en conformité avec leurs valeurs. Un bémol tout de même: l'immersion de ces diplômés dans l'entrepreneuriat social à la fin de leur formation n'est pas toujours durable, le niveau des rémunérations proposées ne leur convenant pas forcément sur le long terme…

32. « L'engagement des jeunes : une majorité impliquée, une minorité en retrait », *Jeunesses. Études et Synthèses*, n° 36, Injep, novembre 2016.

Par ailleurs, dans les instituts d'études politiques, on note de moins en moins d'attirance pour les concours de la fonction publique. Non seulement il y a moins de postes, mais ils ne font plus rêver. Certes, il y a la sécurité de l'emploi, mais les parcours linéaires ne satisfont plus les aspirations croissantes à une multiplication des expériences et à un épanouissement au travail. On voit donc de plus en plus de jeunes désireux de s'engager pour l'intérêt général tout en bénéficiant de l'agilité du privé, et qui suivent pour cela des formations diplômantes en économie sociale et solidaire.

Ainsi, entre le privé et le public, il existe un tiers-secteur qui peut s'avérer attractif. Cela dit, l'idée d'un pôle des solidarités actives ne va pas forcément mobiliser d'emblée le «citoyen lambda». On l'observe d'ailleurs déjà dans les assemblées générales des mutuelles: je ne crois pas qu'il y ait 100% de participation! Pour moi, la question qui se pose est surtout celle du renouvellement des élites, tant à l'échelle des délégués qu'au niveau des directions. Quelle conscience les responsables du secteur ont-ils de la nécessité de sortir d'une forme de huis clos? L'enjeu, c'est de s'ouvrir à la société, de favoriser les mobilités sociales. Car cette crise du renouvellement est sans doute à l'origine de la désaffection des citoyens vis-à-vis des institutions. Certes, le pôle des solidarités actives ne parviendra pas, en première approche, à toucher l'ensemble des citoyens. Les cadres intermédiaires seront les premiers concernés, mais ils auront justement pour vocation d'ouvrir les portes et les fenêtres de l'organisation et d'aller chercher les militants.

Le moment est venu d'apporter quelques éléments de définition. Vous avez parlé de tiers-secteur, d'économie sociale... Pouvez-vous préciser ces concepts et tenter une

synthèse de ce qu'est le non-lucratif en France et dans le monde ?

T. D. : Née au début du XIXe siècle, l'économie sociale s'est formée autour d'un certain nombre de règles : gouvernance démocratique et but non lucratif. Dans les années 1830, les organisations sont multifonctionnelles. Par exemple, les sociétés de secours mutuel ont bien sûr pour fonction principale de secourir, mais ce sont également des lieux de sociabilité et parfois de résistance – c'est-à-dire que, derrière la vitrine respectable de la mutualité, se cache un pré-syndicat qui va négocier les « tarifs », autrement dit les salaires.

À la fin de ce siècle, ces organisations deviennent monofonctionnelles. L'État les reconnaît en les dotant de statuts particuliers. La Charte de la mutualité est adoptée en 1898, la loi sur les associations en 1901, tandis que les lois coopératives se multiplient : crédit mutuel agricole et coopératives agricoles en 1899, coopératives d'habitat bon marché en 1908, crédit maritime mutuel en 1910, coopératives ouvrières de production en 1915, coopératives de consommation en 1917, etc. Cette fonctionnalisation de l'économie sociale est à l'origine d'une structuration sectorisée de ses mouvements. Si la Mutualité française possède une cohérence d'ensemble (quand bien même on distingue les mutuelles interprofessionnelles des mutuelles de fonctionnaires), les mouvements coopératifs et surtout associatifs sont plus éclatés.

Le paradoxe veut que cette reconnaissance par l'État aboutisse à la disparition de la notion d'« économie sociale », pourtant consacrée en 1900 dans le rapport de Charles Gide sur l'économie sociale, présenté à l'Exposition universelle de Paris[33]. Pour lui, l'économie sociale recouvrait « tous les efforts pour élever la condition du peuple ». Cette approche extensive lui faisait intégrer dans cet ensemble les syndicats et les municipalités, soit la totalité des corps intermédiaires.

Dans les années 1960, les réarrangements institutionnels entre l'État et le marché – comme le désengagement de l'État des fonds de reconstruction à destination des coopératives ou les « réformes » successives de la Sécurité sociale (qui commencent en 1967) – conduisent à un rapprochement entre les mouvements coopératifs, mutualistes et associatifs. C'est dans ce contexte, et pour nommer ce nouvel ensemble, qu'Henri Desroche, sociologue et théoricien du mouvement coopératif, exhume la notion d'économie sociale dans les années 1970.

L'économie solidaire constitue une deuxième branche, plus récente, de cette « autre économie » qu'est l'ESS. Tandis que l'économie sociale est conceptualisée autour des coopératives, l'économie solidaire l'est autour des associations. Apparue dans les années 1980, elle invite à répondre à de nouveaux enjeux sociaux, en particulier dans le domaine de l'insertion par l'activité économique. Elle vise aussi à créer du lien social et à pallier la perte de repères identitaires. Prenant acte des défaillances de l'État-providence, elle génère de la socialisation là où les dispositifs classiques tendent à segmenter les populations. Ainsi, les épiceries solidaires proposent non seulement une aide alimentaire, mais encore des ateliers pour apprendre à cuisiner, à jardiner, à

33. Économiste et enseignant, Charles Gide (1847-1932) est un dirigeant historique du mouvement coopératif français, théoricien de l'économie sociale et président du mouvement du christianisme social. Il est l'oncle de l'écrivain André Gide.

utiliser un ordinateur, etc. Ce faisant, elles n'offrent pas seulement un service, elles tissent du lien social.

L'économie solidaire est également une réponse aux enjeux écologiques et aux problèmes posés par l'évolution des modes de vie. On parlait encore peu de réchauffement climatique au moment où elle a émergé, mais la pénurie de ressources représentait déjà un sujet de préoccupation, comme on l'a vu avec le rapport Meadows. D'où, d'un côté, des mobilisations antinucléaires et, de l'autre, des initiatives en faveur du solaire, du recyclage, de la récupération, du bio, etc.

De la sorte, comme l'a formulé Alain Lipietz, à l'économie sociale historique, définie par ses règles et ses statuts, qui répondait à la question du « comment on fait », s'est greffée une économie solidaire davantage tournée vers les finalités : « pourquoi on le fait[34] ». Le principe de « double qualité », au fondement de l'économie sociale historique, qui identifie le sociétaire au bénéficiaire (par exemple : les adhérents d'une mutuelle bénéficient de ses services), s'est distendu, avec l'introduction d'un tiers : on le constate tout particulièrement dans le secteur de l'action sociale, où le bénéficiaire n'est pas nécessairement adhérent de la structure qui lui vient en aide. C'est la réunion de ces deux branches qui donne l'ESS actuelle. À partir des années 2000, elles se sont solidarisées en articulant le « comment » et le « pourquoi ». Aux deux piliers historiques de l'économie sociale – la gouvernance démocratique et le but non lucratif – en a ainsi été ajouté un troisième : l'utilité sociale.

34. Alain Lipietz, *Pour le tiers-secteur. L'économie sociale et solidaire : pourquoi et comment ?*, La Découverte, 2001.

Une escale solidaire en Gironde
L'épicerie solidaire Ensemble, mise en place par l'association culturelle l'Escale solidaire, à Villenave-d'Ornon, en Gironde, reçoit une cinquantaine de familles chaque année dans le cadre de l'aide alimentaire. On y trouve des produits frais issus d'exploitations locales et divers articles de consommation courante vendus à 20 % de leur prix. Mais ce n'est pas uniquement un lieu d'achat, c'est aussi un endroit où bénévoles, salariés et bénéficiaires construisent ensemble des espaces de transformation sociale. Ainsi, l'association propose des ateliers de couture, de cuisine, d'arts plastiques, d'informatique, de zumba ou de sophrologie. Elle organise des sorties culturelles et de loisirs et accueille des permanences de la Caisse d'assurance retraite et de la santé au travail. En partenariat avec l'Association des femmes villenavaises, pour favoriser la mixité, les bénéficiaires ont accès à des consultations avec une psychologue, à des cours d'alphabétisation, à une initiation à la marche nordique, etc. Revendiquant des valeurs telles que le respect, la bienveillance et la laïcité, l'Escale solidaire bénéficie de financements du Conseil départemental et de la Caisse d'allocations familiales, de l'aide de la Banque alimentaire, d'un partenariat avec Simply Market et d'un accompagnement du réseau Andes (Association nationale des épiceries solidaires).

Voici pour l'économie sociale et solidaire, mais, plus largement, comment définiriez-vous le secteur du non-lucratif, qui dessinera ce pôle des solidarités actives ?

T. D. : Le secteur du non-lucratif, qui recoupe en partie celui de l'ESS, a été peu travaillé et peu médiatisé. Quelques études intéressantes ont cependant été produites, notamment par Édith Archambault, qui a planché sur le cas français[35] dans le cadre du programme Johns Hopkins de comparaison internationale du secteur sans but lucratif (1990-2001).

Pour définir les entités composant ce secteur, les chercheurs ont retenu cinq critères :

– ce sont des organisations institutionnalisées, avec des statuts ;

– ce sont des structures privées ;

– elles sont indépendantes (ce ne sont pas des organismes parapublics) ;

– elles ne doivent pas distribuer de profits à leurs membres ou à leurs administrateurs (et là on touche de près au non-lucratif) ;

– elles ont un certain niveau de participation de bénévoles et/ou de donateurs. Évidemment, les organisations religieuses ou politiques n'en font pas partie.

À quels types d'établissements cela correspond-il ?

T. D. : Les deux principaux sont les fondations et les associations. Les mutuelles sont exclues de ce champ – mais pas les établissements sanitaires et sociaux gérés par elles. Idem pour les coopératives : elles n'entrent pas dans ce périmètre, sauf les coopératives scolaires et d'habitants. Cela, c'est la définition du secteur sans but lucratif qui fait consensus au niveau international, mais le cas français est singulier.

Si, au niveau international, le périmètre est réduit aux associations et aux fondations, cela tient à l'idée selon laquelle le non-lucratif implique qu'il n'y ait pas de répartition des profits, mais aussi que l'activité se situe hors de la

35. Édith Archambault, *Le Secteur sans but lucratif. Associations et fondations en France*, Economica, 1999.

sphère marchande, hors du domaine de la concurrence. Or, la définition française de l'économie sociale est plus large. La loi ESS de 2014 nous rappelle en effet que l'économie sociale est d'abord… économique : c'est « un mode d'entreprendre ». Ce point est crucial, notamment dans le débat européen. En France, on dit : « Le non-lucratif, c'est la non-distribution du bénéfice », alors qu'au niveau européen on affirme : « Le non-lucratif, c'est le non-marchand », ce qui constitue, selon moi, une confusion assez frappante.

Il en va de même aux États-Unis. Les fondations ont été créées à la fin du XIXe siècle par de grands industriels comme Andrew Carnegie ou John D. Rockefeller, qui voulaient éviter une intervention économique de l'État contrariant leurs affaires. Le financement d'activités philanthropiques a permis de répondre aux critiques croissantes adressées au capitalisme, dans le contexte des lois antitrust et de l'essor des mouvements ouvriers. Il s'agissait en quelque sorte d'une privatisation de la redistribution des richesses, pour contrecarrer l'émergence d'un État-providence. Et puis, accessoirement, ces magnats pensaient que leur activité philanthropique leur vaudrait une place au paradis, le facteur religieux étant souvent explicatif aux États-Unis…

En Europe, cependant, quelques variantes dans la définition du non-lucratif sont identifiables. J'en développerai cinq, sur la base des travaux d'Édith Archambault.

– D'abord, il existe une conception dite « continentale », qui comprend les systèmes bismarckiens ou contributifs, c'est-à-dire les assurances sociales : « Je cotise, donc j'ai droit à… » C'est le modèle de la Sécurité sociale à la française, par exemple pour les pensions de retraite. Les organisations de l'ESS y jouent plutôt un rôle d'auxiliaires, comme dans le domaine de l'assistance aux personnes, largement délégué au secteur associatif (ce qui explique son poids, en France, dans le sanitaire et social), ou dans la santé, avec des mutuelles qui sont devenues complémentaires au moment de la Libération.

– Il y a ensuite une variante anglo-saxonne, qui renvoie plutôt à la notion de volontariat. Les dons sont beaucoup plus nombreux dans ce type de système, en raison du faible poids de l'État. Cela concerne des États-providence résiduels, comme l'Irlande, ou en déclin, comme la Grande-Bretagne.

– Il convient d'ajouter une variante sociale-démocrate pour les pays d'Europe du Nord. Nous avons là un système universaliste fondé sur l'impôt. Par contre, le secteur sans but lucratif est peu développé. Le poids du secteur associatif dans le champ sanitaire et social est faible comparé à la situation française. Les associations sont davantage présentes dans la culture et le sport.

– La quatrième variante est méditerranéenne, avec un secteur du non-lucratif peu développé. C'est le cas de l'Italie ou de pays comme le Portugal et l'Espagne, qui ont connu des dictatures et où les organisations intermédiaires ont été réprimées, interdites. Les solidarités familiales y sont très importantes, en raison de la culture catholique.

– La cinquième variante concerne les pays d'Europe de l'Est, où, en raison des années de régime communiste, l'économie sociale pâtit d'une image dégradée. Les coopératives, par exemple, sont stigmatisées, car elles étaient instrumentalisées par le pouvoir. Les associations et les fondations se développent davantage, mais demeurent marginales.

Parmi tous ces cas de figure, comment se distingue le cas français ?

T. D. : Il se distingue en cela qu'il est mixte – en réalité, tous le sont, mais avec des tendances plus ou moins fortes. Notre modèle, tel que théorisé par le sociologue de référence de l'État-providence, Gosta Esping-Andersen[36], est plutôt corporatiste. Mais il est aussi universaliste, si on prend le cas des allocations familiales. Il se combine également à des logiques libérales, notamment en matière d'assistance, où l'on a un régime de protection sociale dit « résiduel ». Pour l'économie sociale, cela signifie que, d'un côté, les mutuelles sont arrimées au système assurantiel (elles offrent des complémentaires à l'assurance maladie) et que, de l'autre, les associations sont arrimées au système assistantiel : elles l'accompagnent à travers la gestion d'établissements et de services sociaux et médico-sociaux, par exemple.

En somme, il existe une alliance entre l'État et l'économie sociale dans le domaine de la protection sociale. Ce point est selon moi décisif, même si l'économie sociale est davantage l'auxiliaire des pouvoirs publics que son alliée véritable. Elle investit les marchés que l'État lui ouvre. Dans le secteur sanitaire et social, les associations sont parapubliques (elles vivent pour l'essentiel de financements publics) et les mutuelles ont été satellisées, bien malgré elles, en 1945.

S. J. : En dépit de cette « alliance », il demeure une idée ancrée dans l'esprit français selon laquelle « la solidarité, c'est l'État ». Or, ce n'est pas la réalité. Je ne crois plus que l'État soit le meilleur garant des solidarités dans notre

---

36. Gosta Esping-Andersen, *Les Trois Mondes de l'État-providence. Essai sur le capitalisme moderne*, PUF, 1999.

pays. Face aux transformations de la société et de notre modèle de protection sociale, les pouvoirs publics ne pourront pas, demain, conquérir les nouveaux espaces de solidarité dont notre pays aura besoin. Leur responsabilité est donc de soutenir les acteurs qui investissent et font vivre les solidarités actives, non de les brider par une réglementation excessive ou en pratiquant la mise en concurrence par appels d'offres, ce qui privilégie les projets socialement moins-disants.

De ce point de vue, la relation avec les mutuelles est éclairante. Les pouvoirs publics ont suscité progressivement une double évolution vers une « mise sous tutelle ». D'abord, par la fiscalité : le taux total des taxes et contributions est passé de 2,5 % en 2008 à 13,27 % en 2012. Il y a dix ans, ces taxes représentaient environ 10 euros par an et par adhérent, elles sont aujourd'hui supérieures à 80 euros. Ce renchérissement est l'une des premières causes du non-recours aux complémentaires. Ensuite, par la réglementation sur les contrats, dépourvus d'objectif d'intérêt général. Or, cette « étatisation » du champ de l'assurance maladie complémentaire n'est pas la solution pour permettre un meilleur accès aux soins. L'économie administrée et les « filets de sécurité » ne sont des réponses ni pertinentes ni durables. On ne construit pas un système de santé solidaire et pérenne sur la défiance envers ses acteurs. C'est pourquoi il est important de revenir à une construction dans laquelle l'État assure pleinement ses missions régaliennes en déterminant des objectifs de résultat et en mettant en place des outils de régulation permettant à tous les acteurs de jouer leur rôle en assumant leurs propres responsabilités.

Je le répète : l'intérêt de l'État est d'accorder une place et un rôle forts aux acteurs des solidarités actives, sans la vitalité desquels la solidarité nationale serait condamnée à la faillite. De la lutte contre les exclusions à la réduction de la dépendance des personnes âgées, du développement des réseaux de soins à l'amélioration de la prévention, de la construction de réponses en matière de logement aux actions en faveur de la cohésion sociale, ces acteurs jouent un rôle irremplaçable au niveau national comme dans les territoires. Ce sont de véritables réservoirs d'innovation et d'expérimentation pour faire progresser la solidarité. C'est pourquoi les pouvoirs publics doivent davantage faire confiance à ces entités qui portent les solidarités actives, être dans une démarche partenariale et non dirigiste. La construction de ce partenariat sera d'autant plus importante pour l'État qu'il pourra s'appuyer sur des acteurs qui s'engagent à prolonger son action au service de l'intérêt général.

La remise en cause du rôle de l'État dans la solidarité est un sujet sensible dans un pays qui reste très attaché à la notion d'État-providence…

S. J. : Je ne fais pas partie de ceux qui souhaitent un affadissement du rôle de l'État. Dans un monde de plus en plus complexe, je pense au contraire que celui-ci joue un rôle majeur de structuration de l'avenir pour notre société, mais je sais qu'il ne peut pas tout, tout seul ; qu'on ne change pas la société par la seule réglementation ; qu'une loi, si pertinente soit-elle, n'est efficace que lorsqu'elle est portée par une société qui se mobilise. Par conséquent, sortons de ce mythe d'un État tout-puissant. En entretenant cette fausse idée que la solidarité serait incarnée par la seule action de l'État, nous prenons le risque de démobiliser les acteurs, de créer de nouvelles désillusions et d'ébranler un peu plus encore la société française.

Il est important de passer de l'action publique centralisée à une alliance au service de l'intérêt général, laissant une place plus importante aux associations, aux fondations, aux coopératives et aux mutuelles – c'est-à-dire aux acteurs des solidarités actives. En raison de leurs racines mêmes, ces derniers ont un rôle majeur à jouer en termes d'innovation sociale et de stratégies d'investissement social. Ils ont la responsabilité de lutter contre la montée des inégalités, d'imaginer de nouvelles solidarités et de construire du progrès social.

Timothée, en tant qu'historien, comment réagissez-vous à cette remise en cause du dogme : « La solidarité, c'est l'État » ?

T. D. : Est-ce que l'intérêt général est le monopole de l'État ? C'est une question qui est aujourd'hui tranchée : non, évidemment ! Dans une circulaire de 1975 du Premier ministre de l'époque, Jacques Chirac[37], la définition de l'intérêt général intègre pour la première fois les associations et les collectivités territoriales. On voit donc que cette remise en cause s'exprimait déjà il y a plus de quarante ans. Mais il convient aussi de revenir aux sources. L'État s'est saisi de la question sociale à la fin du XIXe siècle, avec notamment l'adoption de la Charte de la mutualité[38], quatre ans avant la structuration de la Fédération nationale de la Mutualité française. Les deux processus sont

37. Circulaire n° 2010 du 27 janvier 1975.
38. La Charte de la mutualité est issue de la loi du 1er avril 1898 relative aux sociétés de secours mutuel. Elle crée un système mutualiste libéral, mettant fin au contrôle de l'administration sur les sociétés de secours mutuel. Celles-ci peuvent désormais se créer librement, sans agrément de l'administration, laquelle n'exerce plus qu'un contrôle technique, réduit à la gestion financière de ces structures.

étroitement liés. On a déjà cette idée d'une société civile : des individus qui se regroupent et, par étages successifs, finissent par représenter une force organisée, c'est-à-dire formant une coalition d'intérêts capable d'orienter la définition des politiques publiques grâce à leur expertise, à leur nombre et à leur légitimité.

L'État, auparavant centré sur des prérogatives régaliennes, investit désormais les questions sociales, poussé par l'essor de partis ouvriers. Le Parti radical, incarnation de la IIIe République, cherche une solution de compromis pour intégrer la classe ouvrière à la République, et les mutuelles sont un lieu d'observation privilégié de ces dynamiques. Leur phase de développement coïncide avec des épisodes de reconnaissance par l'État. Déjà sous le Second Empire, entre 1852 et 1870, elles ont connu une forte croissance grâce à l'octroi par l'État de différentes ressources (logistiques, financières, etc.) aux sociétés dites « approuvées ». On est ici dans une « alliance d'intérêt général », pour reprendre les mots de Stéphane, même si elle n'était pas dépourvue d'arrière-pensées : le Second Empire a instrumentalisé les mutuelles pour encadrer la population et éteindre toute résistance populaire.

En tout cas, cette partition entre l'État et les organisations sociales traverse toute l'histoire de France. Même en 1945, quand la Sécurité sociale est mise en place, sa gestion est confiée aux syndicats. Son système de financement repose sur les cotisations sociales, et non sur l'impôt.

Bruno Palier[39] montre dans ses travaux que ce système est robuste. Il insiste tout particulièrement sur le « sentier de dépendance » de ce modèle corporatiste, c'est-à-dire

39. Bruno Palier, *Gouverner la Sécurité sociale. Les réformes du système français de protection sociale depuis 1945*, PUF, 2005.

l'impossibilité de le réformer, sauf à la marge. Dès la première « réforme » de la Sécurité sociale, en 1967[40], les mutuelles renoncent à leur traditionnelle neutralité politique et affirment leur indépendance en participant aux mobilisations avec la CGT. La question qui se pose alors est celle du financement de la Sécu. Pourtant, le modèle n'est pas remis en cause : il reste contributif et alimenté par les cotisations. Si l'État met fin au monopole syndical en instaurant le paritarisme dans la gestion, avec l'entrée en jeu du patronat, son interventionnisme reste limité. On décide d'agir sur les niveaux de recettes et de dépenses, non sur la nature du système. Pendant longtemps, on augmente régulièrement les cotisations ; à compter du tournant des années 1960, on cherche à limiter les dépenses. Cette tendance s'accentue dans les années 1990, quand la mondialisation conduit les gouvernements à modérer les salaires pour renforcer la compétitivité des entreprises. Depuis, les cotisations sont de plus en plus perçues comme des « charges ». Dans le domaine de la santé, on diminue (voire supprime) le remboursement de certains actes ou médicaments.

Paradoxalement, ces limitations s'accompagnent d'un interventionnisme accru de l'État. La loi annuelle de financement de la Sécurité sociale est instaurée en 1996 par le gouvernement Juppé. Désormais, c'est le Parlement qui pose le cadre du financement de la protection sociale, ce qui réduit de fait le rôle des partenaires sociaux. Ainsi, d'un côté, l'État ouvre des parts de marché aux mutuelles et aux assurances en encadrant les prestations de la Sécurité

40. Le 21 août 1967, les quatre ordonnances de la réforme Jeanneney réorganisent le régime général de la Sécurité sociale en séparant financièrement les risques en trois branches : la santé, la vieillesse et la famille.

sociale ; de l'autre, il prend le contrôle du système de protection sociale.

La perspective universaliste du départ se voit donc abandonnée...

T. D. : Tout à fait. Le système opère un resserrement des liens entre cotisations et prestations : c'est un renforcement du modèle bismarckien pour l'assurance chômage et les pensions de retraite. On observe une dualisation de la protection sociale, avec d'un côté ceux qui sont dans le régime contributif, les salariés, qui bénéficient de prestations « haut de gamme », et de l'autre ceux qui relèvent de l'assistance et de la solidarité nationale. Je pense évidemment à la création du revenu minimum d'insertion (RMI) en 1988 et au mode de financement associé : l'impôt, avec la création en 1991 de la CSG (contribution sociale généralisée). Les deux sont l'œuvre du gouvernement Rocard. Ce n'est pas un hasard si c'est la « deuxième gauche », inspirée du modèle scandinave, qui réalise ces réformes. On ajoute au système assurantiel, fondé sur la cotisation et le droit de tirage, un système assistantiel, reposant sur l'impôt et les besoins.

Selon moi, ces mutations expliquent votre volonté de vous positionner comme partie prenante de l'intérêt général. Les sociétés d'assurances se moquent bien des enjeux de la protection sociale. Leur objectif est simplement de gagner des parts de marché, de réaliser du profit. Vous, les mutuelles, les parts de marché vous intéressent, bien sûr (même si vous tendez à en perdre), parce qu'il faut survivre dans un contexte économique de plus en plus concurrentiel, mais ce n'est pas une fin en soi. Vous participez d'une société civile organisée qui entend contribuer à la définition de l'intérêt général. Dans l'union mutualiste de groupe (UMG) que vous avez créée en septembre 2017 – le groupe VYV – s'exprime à l'évidence l'intention d'atteindre une taille critique suffisante pour peser dans les débats sur la protection sociale. C'est l'une des traductions de votre « but non lucratif », puisque vous constituez un groupement de personnes et non de capitaux, une organisation de la société civile.

Quelle relation, historiquement, l'État entretient-il avec le secteur de l'économie sociale ?

T. D. : Dès la fin du XIXe siècle, lorsque l'État accorde un statut aux différentes structures de l'économie sociale, qu'est-ce qui fonde son intervention, en particulier financière ? C'est précisément le critère de non-lucrativité. Les règles qui composent ces statuts empêchent toute appropriation privée des ressources publiques. Les excédents ne peuvent pas être redistribués, le patrimoine est inaliénable. Les coopératives bénéficient ainsi d'avances remboursables, les associations de subventions, et les mutuelles de placements favorables à la Caisse des dépôts et consignations. C'est donc bien la non-lucrativité qui justifie l'intervention de l'État.

Aujourd'hui, c'est un peu le même phénomène qui se reproduit, dans un contexte différent. Les livres de l'historien Pierre Rosanvallon en sont un bon marqueur : à *La Crise de l'État-providence* (1981) fait pendant *La Nouvelle Question sociale* (1995)… dont le sous-titre est justement *Repenser l'État-providence*. Après la Seconde Guerre mondiale, l'État intervient pleinement dans le champ économique et social à la faveur du compromis keynésien. Son intervention est à la fois verticale et sectorielle. Verticale, parce que les politiques publiques sont descendantes ; cela n'empêche pas la concertation d'exister, mais elle est organisée par l'État, c'est lui qui fixe le cap. Sectorielle, parce que les politiques publiques sont « en silo ». On l'observe notamment dans l'expansion de l'État social. Le système de Sécurité sociale agrège la maladie, la famille, les retraites, puis le chômage en 1958. C'est encore plus vrai de la solidarité nationale : il y a l'enfance, le handicap, les personnes âgées, puis, avec la « nouvelle question sociale » dans les années 1980, les politiques d'insertion, c'est-à-dire un nouveau public et un nouveau secteur, avec le développement de l'insertion par l'activité économique (IAE). Ces développements prennent d'autant plus d'ampleur avec la décentralisation, et notamment l'ascension du « département-providence » dont parle Robert Lafore[41].

Un enjeu émerge alors pour l'action publique : celui de la transversalité, de l'accompagnement des parcours à travers un suivi global, à la fois professionnel et social. Il s'agit de désectoriser l'action sociale. On sait bien, par exemple, que le logement est un préalable à l'insertion professionnelle et sociale. Il faut évidemment agir sur les freins à l'insertion, identifier les carences (logement, mobilité, etc.) et y apporter des réponses, mais aussi s'appuyer sur les potentialités de la personne pour lui permettre de les développer, en faire un acteur et un citoyen à part entière. Le traitement du social n'est plus pensé sur un mode descendant et curatif, mais à partir d'une approche préventive et visant au développement du pouvoir d'agir. Le défi consiste donc à coordonner l'ensemble des interventions, ce qui représente un véritable changement de modèle. Le concept de

41. Robert Lafore, « La décentralisation de l'action sociale. L'irrésistible ascension du "département-providence" », RFAS, 2004.

territoire, flou mais fédérateur, sert de support à ces transformations de l'intervention publique.

Et demain, quelles évolutions voyez-vous ?

T. D. : La question centrale, selon moi, est celle de la coconstruction de l'intérêt général. L'État lui-même en reconnaît la nécessité, lui qui fait de plus en plus appel à des acteurs privés pour innover et prendre des risques. Les « contrats à impact social », lancés en novembre 2016 par la secrétaire d'État à l'économie sociale et solidaire Martine Pinville, en sont une bonne illustration : un appel à projets étatique sollicite des ressources privées pour financer des expérimentations sociales innovantes. Si les objectifs fixés par la puissance publique sont atteints, l'investisseur privé est remboursé et peut même toucher une prime, calculée à partir de l'évaluation des coûts évités à l'État. L'Association pour le droit à l'initiative économique (Adie) en a par exemple été lauréate et a obtenu d'un groupe d'investisseurs 1,3 million d'euros sur trois ans[42], avec pour objectif de financer et d'accompagner 500 personnes et d'en insérer durablement 320 grâce au microcrédit.

C'est bien ce rôle de défricheur des possibles que les mutuelles devront jouer : actrices clés de l'innovation sociale, elles pourront orienter les politiques publiques. Alors que l'État est confronté à une crise des finances publiques, elles peuvent contribuer à définir une nouvelle réponse sociale à travers l'accompagnement des parcours, en coordonnant les interventions tout au long de la vie (santé, logement, etc.) et en développant le pouvoir d'agir des citoyens. Parce que

42. Sachant que le dispositif stipule : « Le coût maximal du contrat pour l'État est évalué à 1,5 million d'euros (incluant 195 000 euros de prime de succès en cas de dépassement des objectifs). »

c'est aussi cela la spécificité des mutuelles : réunir des adhérents qui sont la base de l'organisation et participent à son fonctionnement. Dès lors, la question de la citoyenneté au sein des mutuelles est très stratégique.

C'est sur ce point qu'a notamment échoué l'État-providence. En voulant prendre en charge le progrès social, il a déresponsabilisé les individus. Il a organisé une solidarité froide reposant sur des transferts sociaux et une réallocation de ressources, sans se préoccuper de l'engagement des personnes ni des solidarités actives et effectives. C'est d'abord cela la crise du politique ou le déclin des institutions : la fabrique du consommateur plutôt que du citoyen. Là est le grand défi que devront relever les mutuelles : trouver une voie pour refonder les institutions et ré-impliquer les Français.

Un pôle de dynamisme dans le Sud aquitain

Le Pôle territorial de coopération économique (PTCE) Sud Aquitaine, installé à Tarnos, est enraciné dans le bassin d'emploi Sud Landes/Pays basque. Il est animé et porté par le Comité de bassin d'emploi, qui en est à l'origine.

L'ensemble du périmètre sud-aquitain est soumis à un développement important qui soulève une question majeure : comment maximiser les retombées sociales et économiques de ce dynamisme local tout en minimisant ses impacts environnementaux ? Cette préoccupation a suscité la mise en œuvre de dispositifs souvent innovants en matière de lutte contre la précarité, l'exclusion du marché du travail, l'absence d'accès au foncier, etc. Ces initiatives ont d'abord été déployées sur le territoire du Seignanx avant de s'étendre à tout le Sud aquitain. Au fil des années, des coopérations

entre les acteurs de l'ESS, les collectivités locales et les milieux économiques ont permis les réalisations suivantes :
– une entreprise d'insertion « bâtiment second œuvre » ;
– un Plan local pour l'insertion et l'emploi (Plie) ;
– un GEIQ (groupement d'employeurs pour l'insertion et la qualification) BTP spécialisé dans l'écoconstruction ;
– un GEIQ interprofessionnel Landes et côte basque ;
– un GEIQ industrie ;
– deux groupements d'employeurs multisectoriels ;
– la Scic Interstices, une coopérative d'activité et d'emploi (CAE) qui accompagne des porteurs de projets, joue le rôle d'incubateur et permet le développement d'activités d'utilité sociale et de l'ESS ;
– le restaurant d'insertion Scic Éole, dévolu à la restauration collective (entreprises, écoles…) ;
– la Scic Perf (Pôle étude recherche formation), un organisme de formation professionnelle ;
– la Scic La Légumerie, plateforme d'approvisionnement local pour la restauration ;
– la plateforme Mobilité et Insertions Sud Landes, pour favoriser l'émancipation professionnelle et sociale des personnes en difficulté ;
– un « incubateur territorial » pour contribuer à l'éclosion et à la structuration de projets d'économie sociale et solidaire ;
– un espace test en agriculture, pour faciliter l'installation de producteurs non issus du monde agricole et sécuriser leur parcours ;
– des projets d'écoles de l'ESS transfrontalières (avec la Navarre et l'Euskadi) ;
– des actions de recherche et développement avec les universités et un centre de recherches, etc.
Ces différentes initiatives apportent des outils aux politiques

publiques de développement économique et social : restauration sociale, développement de zones économiques (industrielles, portuaires et commerciales), pôle aéronautique, démarches de GPEC (gestion prévisionnelle de l'emploi et des compétences) au niveau territorial et dans le domaine agricole et alimentaire, etc.

Le PTCE Sud Aquitaine a permis un décloisonnement public/privé, une solidarisation des acteurs et, *in fine*, la transformation des pratiques. De par sa capacité technique et politique à penser le territoire, à donner une visibilité publique à certains problèmes et à proposer des solutions adaptées, il rompt avec les modes de développement classiques mais aussi avec les représentations traditionnelles de l'ESS, laquelle n'apparaît plus comme une « économie de la réparation » mais devient un facteur d'attractivité du territoire.

En chiffres, son action représente :

– 220 emplois permanents créés dans les organisations de l'ESS ;
– 230 personnes salariées chaque année en contrat de professionnalisation, dont 85 % décrochent une qualification et un emploi durable ;
– 56 salariés mis à disposition des entreprises adhérant aux groupements d'employeurs ;
– 27 postes dans des entreprises d'insertion professionnelle ;
– 282 personnes accompagnées par le Plie dans leur parcours vers l'emploi entre 2015 et 2017, pour un taux de sortie de 59 % en emploi durable, formation ou création d'activité ;
– 1 600 stagiaires formés chaque année au sein des organismes de formation du Pôle, dont 1 475 à la Scic Perf ;
– 225 employeurs mobilisés et rencontrés dans le cadre de la démarche territoriale de GPEC ;
– Plus de 300 entreprises adhérentes ou sociétaires des organisations collectives ;

–400 entreprises partenaires des actions menées ;
–200 projets accompagnés chaque année, dont 75 % débouchent sur une création d'activité ou un emploi durable ;
–23 projets financés à ce jour (TPE/PME et associations du territoire) dans le cadre du fonds d'épargne locale, pour un montant de 660 000 euros ;
–Plus de 20 millions d'euros de budget/chiffre d'affaires annuel cumulé au sein des organisations ESS du Pôle.

En somme, vous nous dites l'un comme l'autre que la distinction « public/privé » est de moins en moins opérante…

T. D. : Je vais vous répondre par un exemple. Là où je vis, près de Bordeaux, nous avons un hôpital public militaire, Robert-Picqué (où la plupart des personnes soignées sont des civils), et un établissement privé à but non lucratif, l'hôpital Bagatelle, géré par une fondation protestante d'utilité publique. Celle-ci a donc deux défauts pour les étatistes : elle est privée et protestante ! En raison d'importantes contraintes budgétaires, le ministère de la Défense a décidé de fermer Robert-Picqué, comme cela s'est fait à Paris avec le Val-de-Grâce. Pour ne pas créer un déficit de couverture hospitalière sur le territoire, un projet de fusion avec Bagatelle a été mis au point. Différentes garanties ont été apportées : le maintien des urgences et des emplois, l'absence de déplafonnement d'honoraires, etc.

Là-dessus, le député (France insoumise) de la circonscription dénonce une privatisation. À l'évidence, pour lui, la seule réponse possible serait l'étatisation. Je déplore autant que lui les attaques contre les services publics, en particulier dans le secteur hospitalier, où le courage et le dévouement des agents font la fierté de la fonction publique, mais je crois qu'il n'a pas compris ce qu'est une fondation d'utilité publique. C'est une organisation privée, certes, mais qui a une utilité publique et, par là même, est non lucrative. On voit bien dans le cas présent que le statut même de l'ESS nous oblige à sortir du schéma manichéen public/privé, bien/mal. Les frontières traditionnelles s'effacent.

Nicolas Hulot, ministre de tutelle de l'Économie sociale et solidaire, a déclaré que celle-ci devait devenir « la norme économique ». Il a rappelé que, dans le code civil, l'objectif d'une entreprise, c'est le profit, mais que, dans l'ESS, « le profit n'est pas une finalité : c'est un moyen pour réaliser des objectifs solidaires et sociaux ». Il a tout dit ! Tout dépend du projet, du type de propriété, de la gouvernance… La solution n'est pas toujours dans le monopole d'État.

C'est amusant parce que j'ai souvent entendu, y compris chez Harmonie Mutuelle : « Non, nous, nous ne sommes pas du privé ! » Or, je ne crois pas me tromper en disant qu'Harmonie est bel et bien une société de droit privé…

S. J. : Harmonie Mutuelle est en effet un organisme de droit privé. C'est une entreprise… mais une entreprise mutualiste. Les mutuelles se distinguent des acteurs de l'économie marchande en appliquant les principes inscrits dans le code de la Mutualité : un statut privé, mais à but non lucratif ; un patrimoine constitué collectivement, et donc indivisible ; la primauté de la personne dans les choix économiques ; une activité au service de l'intérêt général ; enfin, un fonctionnement démocratique que traduit la formule : « Une femme ou un homme égale une voix. »

Par ailleurs, la nature de leurs activités conduit les mutuelles à jouer un rôle majeur dans la vie sanitaire et sociale du pays. Elles sont indispensables à l'accès aux soins. Ainsi, le système du tiers-payant, créé par les mutualistes, dispense (totalement ou en partie) les patients d'avancer certains frais. Il concerne aujourd'hui plus de 100 000 professionnels de santé, soit la quasi-totalité des pharmaciens, beaucoup d'infirmières, de kinésithérapeutes ou encore des radiologues, ce qui contribue à un meilleur accès aux soins de premier recours, en particulier, bien entendu, pour les patients les plus modestes. C'est pourquoi le chantier de sa généralisation ne doit pas être abandonné. D'après les estimations de la FNMF, avec la généralisation du tiers-payant, 11,2 milliards d'euros seraient laissés à disposition du pouvoir d'achat des Français, soit 4,4 milliards de plus qu'aujourd'hui. L'enjeu est considérable.

Enfin, peu le savent, mais les mutuelles financent directement des prestations de solidarité nationale. Depuis 2017, le Fonds pour la couverture maladie universelle (Fonds CMU) est intégralement abondé par les mutuelles. Pour mémoire, en 2000, l'État s'en acquittait à hauteur de 80 %. Par ailleurs, les mutuelles contribuent au financement de la rémunération « forfait patientèle[43] » du médecin traitant. Leur rôle ne se résume donc pas au remboursement des actes médicaux : elles s'engagent à trouver des solutions solidaires pour accompagner leurs adhérents tout au long de leur vie.

Ainsi, les mutuelles sont bien des entreprises, mais elles doivent démontrer qu'elles entreprennent autrement

43. Rémunération forfaitaire versée aux médecins des secteurs 1 et 2 (sous conditions pour ce dernier), dont le montant est calculé en fonction de la typologie des patients suivis par le praticien (jeunes enfants, personnes âgées, malades chroniques...).

qu'une entreprise marchande en termes de gouvernance, d'organisation du travail, d'exemplarité de l'employeur, etc. Il en va de même de leur rôle économique : une économie fondée sur la solidarité n'a pas vocation à être déficitaire. Les mutuelles remplissent des missions d'utilité sociale, mais elles le font avec une grande responsabilité financière. Au-delà de la satisfaction de besoins sociaux, elles doivent apporter des réponses économiquement équilibrées : c'est la condition de leur pérennité. Cette double exigence fait des mutuelles des entreprises porteuses d'un véritable modèle de développement durable. C'est aussi parce qu'elles seront des acteurs économiques forts que le mouvement mutualiste continuera à faire référence dans les domaines de la protection sociale et de la santé.

Comment expliquez-vous, Timothée Duverger, que ces acteurs de l'ESS qui ont su se développer et faire la preuve d'une réelle efficacité économique soient historiquement mal reconnus ?

T. D. : Je dirais plutôt que cette reconnaissance est variable. Au XIXe siècle, les mutuelles pouvaient être très différentes de celles d'aujourd'hui. Certaines cachaient un pré-syndicat ou ont participé à des mouvements de protestation, comme l'insurrection des canuts lyonnais (ouvriers tisserands) en 1831. D'autres n'ont pas hésité à devenir les auxiliaires du pouvoir sous le Second Empire. Napoléon III leur assignait alors un rôle de lutte contre le paupérisme et de moralisation de la classe ouvrière naissante. Concernant les coopératives, les principaux économistes de la période, à l'instar d'un Paul Leroy-Beaulieu, expliquaient qu'elles n'étaient pas viables. La critique de l'économie sociale n'est donc pas nouvelle.

Les rapports du CNPF puis du Medef[44] qui dénonçaient les « avantages » des coopératives dans les années 1980 ou 2000 en arguant d'une distorsion de la concurrence s'inscrivent aussi dans ce discours critique. Au marché unique devrait correspondre l'entreprise unique : la société commerciale. Mais ces critiques sont de très mauvaise foi. Par exemple, les entreprises bénéficient aujourd'hui de 20 milliards d'euros par an au titre du Crédit d'impôt pour la compétitivité et l'emploi (CICE), entré en vigueur le 1er janvier 2013, tandis que les associations ont dû attendre quatre ans de plus pour bénéficier de l'équivalent : le Crédit d'impôt de taxe sur les salaires (CITS), instauré au 1er janvier 2017.

Au fond, nous faisons face à une pensée mutilée et mutilante. Edgar Morin a raison de dénoncer sans relâche notre incapacité à penser la complexité. Cela tient d'abord à notre héritage cartésien, mais sans doute aussi en partie à une culture politique française de la généralité, de l'uniformité et de la verticalité. On rejette la diversité, le pluriel, la multitude. Or, les entrepreneurs de l'ESS sont des entrepreneurs de la complexité. Ils ont bien plus de mérite que ceux de l'économie conventionnelle ! Quotidiennement, ils doivent concilier des objectifs de natures différentes : la viabilité économique, la gouvernance démocratique et l'utilité sociale. Cela les contraint à des arbitrages que n'ont pas à rendre ceux dont le principal objectif reste le profit.

N'y a-t-il pas là un problème de communication de la part des structures de l'ESS elles-mêmes ?

---

44. Le Conseil national du patronat français (CNPF), créé en décembre 1945, est devenu le 27 octobre 1998 le Mouvement des entreprises de France (Medef).

T. D. : Si, bien sûr, mais on ne peut communiquer aujourd'hui qu'à partir d'idées simples. Il est plus difficile de rendre simple la complexité.

Stéphane a pointé le déficit de reconnaissance de l'ESS. Je suis bien d'accord ! On oublie tout de même que ce sont les mutuelles qui ont inventé la protection sociale. Il faut le faire savoir – ou le rappeler. La protection sociale n'est pas tombée du ciel. Elle n'est pas l'œuvre de la providence. Le message que j'aimerais faire passer, c'est que la mutualité n'est pas seulement innovante : elle est une innovation de rupture.

Vous avez défini l'ESS, le non-lucratif, mais vous n'avez pas encore mentionné l'entrepreneuriat social...

T. D. : Effectivement, depuis la constitution de l'ESS comme un tout, un nouvel arrivant a fait son apparition : l'entrepreneuriat social. Avant toute chose, cependant, il me paraît indispensable d'opérer une clarification sémantique entre l'entreprise sociale et l'entrepreneuriat social. À la fin des années 1990, un groupe de chercheurs européens, réunis dans le réseau « Émergence de l'entreprise sociale » (Emes) autour de Jacques Defourny et Carlo Borzaga, a conceptualisé l'entreprise sociale au moyen d'un faisceau d'indices sociaux et économiques qui recoupent peu ou prou l'ESS telle que je l'ai définie. Si les statuts ne sont pas mis en avant, les règles sont les mêmes. Cette analyse met l'accent sur la gouvernance multipartite : on sort du principe de double qualité sociétaire/bénéficiaire pour intégrer l'ensemble des parties prenantes, à commencer par les usagers. C'est le cas, par exemple, des coopératives sociales italiennes.

Il existe une autre conception, d'influence anglo-saxonne, notamment états-unienne – et c'est là l'origine de la confusion entre les deux termes–, qui repose davantage sur une culture commerciale, un registre d'efficacité, avec une obligation de résultat plus que de moyens. Cette conception s'incarne soit dans la personne de l'entrepreneur-innovateur social schumpetérien, reconnu pour sa créativité et son leadership, soit dans le *social business*, lucratif ou non, qui vise à diversifier les recettes pour poursuivre des objectifs sociaux, dont Muhammad Yunus[45] est le principal représentant. C'est un modèle marchand importé, qui heurte la sensibilité démocratique française.

L'ESS à la française est constituée d'organisations qui sont à la fois des entreprises et des associations, c'est-à-dire des groupements de personnes et non de capitaux –des personnes qui ont un projet commun. Or, cette composante associative est totalement effacée de l'entrepreneuriat social de type anglo-saxon. Aussi, quand on parle d'«entreprise sociale», on s'inscrit plutôt dans la tradition continentale. Ce principe a d'ailleurs été introduit dans la loi Hamon de 2014, qui ouvre le périmètre de l'ESS traditionnelle à des sociétés commerciales bénéficiant d'un agrément accordé par l'État, les qualifiant d'entreprises solidaires d'utilité sociale (Esus). Quoique commerciales, ces structures remplissent un certain nombre de critères de non-lucrativité. Elles ont un objectif principal d'utilité sociale, qui doit avoir un impact sur leur compte de résultat[46], et elles appliquent un encadrement strict des écarts salariaux. Le respect de ces règles leur ouvre l'accès à des financements publics spécifiques.

45. Économiste et entrepreneur bangladais, surnommé «le banquier des pauvres», Muhammad Yunus a fondé la première institution de microcrédit, la Grameen Bank, ce qui lui a valu le prix Nobel de la paix en 2006.
46. Par exemple, dans le cas de l'insertion par l'activité économique, la productivité des salariés est plus faible.

La loi économie sociale et solidaire
La loi n° 2014-856 du 31 juillet 2014 relative à l'économie sociale et solidaire, portée par Benoît Hamon (alors ministre délégué à l'Économie sociale et solidaire), poursuit cinq objectifs :
– Reconnaître l'ESS comme un mode d'entreprendre spécifique, étant entendu que l'organisation poursuit un but social autre que le seul partage des bénéfices, qu'elle est gouvernée démocratiquement de manière participative et que les bénéfices sont majoritairement consacrés au maintien et au développement de l'activité.
– Renforcer les politiques de développement local durable en reconnaissant le rôle des territoires et leurs actions en faveur de l'ESS, les dimensions locales et sociales du commerce équitable ainsi que les monnaies locales ou solidaires.
– Provoquer un choc coopératif en autorisant la création de groupes de Scop (sociétés coopératives et participatives).
– Consolider le réseau, la gouvernance et les outils de financement des acteurs de l'ESS grâce à la structuration d'un conseil supérieur de l'ESS, avec des chambres régionales ayant une mission d'observation et de promotion du secteur.
– Redonner du pouvoir d'agir aux salariés, grâce à des formations à la reprise d'entreprise et à la création du statut transitoire de Scop d'amorçage, pour permettre à des salariés de reprendre une entreprise sous forme de Scop.
En outre, avec le nouvel agrément « entreprise solidaire d'utilité sociale » (Esus), elle ouvre le champ de l'ESS à d'autres entités que les acteurs historiques (associations, mutuelles, coopératives et fondations).
Source : www.economie.gouv.fr

Cette ouverture du périmètre de l'ESS a tout de même fait grincer quelques dents, non?

S. J. : Au moment des débats sur la loi Hamon, la question de la «lucrativité limitée» a fait l'objet de critiques, en effet. Cette notion est pourtant centrale. D'abord parce qu'elle permet de sortir du débat public/privé en reconnaissant qu'il existe au sein du secteur privé des différences de finalité qui ne sont pas de simples nuances. Ensuite, ne pas reconnaître l'existence de structures à lucrativité limitée serait consacrer l'idée que n'importe quelle entreprise ayant pour finalité de répondre à des besoins sociaux ou environnementaux pourrait prétendre relever de l'entrepreneuriat social, quand bien même elle aurait une approche purement marchande! À grande échelle, cela signifierait une privatisation du champ social, sociétal ou environnemental, susceptible de créer des modèles à plusieurs vitesses. C'est pour cette raison que l'entrepreneuriat social est intégré à l'ESS – sous certaines conditions, bien sûr.

Comme les mots sont importants, je reviens sur les questions de vocabulaire : quelle différence faites-vous entre «but non lucratif» et «lucrativité limitée» ?

T. D. : En fait, je distinguerais plutôt «non-lucratif» et «*but* non lucratif». Ce qui est de l'ordre du non-lucratif, ce sont les associations et les fondations, qui n'ont pas vocation à verser de l'argent à des actionnaires. Le but non lucratif inclut la lucrativité limitée : si elle est limitée, c'est bien que ce n'est pas le but! C'est d'ailleurs ce qui différencie les définitions européenne et française : la première se concentre sur les associations et les fondations (non-lucratif), là où la seconde intègre les mutuelles et les coopératives (lucrativité limitée, donc).

Être une « mutuelle », ça veut dire quoi ?
Relevant d'un modèle non lucratif, les mutuelles ne sont pas soumises à la rentabilité immédiate. Elles peuvent innover, agir et investir dans le système de santé et de protection au profit d'un progrès social de long terme. Deux exemples de ce qu'elles sont et de ce qu'elles permettent :

1. Dans une mutuelle, la cotisation augmente moins vite avec l'âge que dans une compagnie d'assurances ou une banque, permettant une solidarité entre classes d'âge. Ainsi, pour une personne de 75 ans, la cotisation sera trois fois moins élevée en moyenne dans le secteur mutualiste. Pourquoi ? Parce que les mutuelles refusent l'idée qu'une personne âgée – potentiellement plus exposée à des problèmes de santé – ait du mal à se soigner faute de moyens. Être solidaire, c'est n'entraver l'accès de personne aux soins et à une protection, à un moment de la vie ou dans un lieu donné, pour cause de revenus insuffisants ou d'une maladie jugée trop coûteuse. Être mutualiste, c'est garantir cette solidarité en s'appuyant sur des personnes mobilisées pour la rendre possible.

2. Les mutuelles développent de nombreux projets avec la conviction que l'humanité et l'innovation dont elles feront preuve leur garantiront la confiance des individus, d'une part, et l'engagement de leur personnel, d'autre part. Les initiatives prises par les dix établissements hospitaliers composant Hospi Grand Ouest, en Pays de la Loire et en Bretagne, témoignent de cet état d'esprit :

– Les dépassements d'honoraires sont proscrits.

– Dans les maternités, une attention particulière est portée au bien-être des mères et des nourrissons, démontrée par un taux de césariennes d'environ 15 %, quand la moyenne nationale est de 20 %. La préparation à l'accouchement peut s'effectuer *via* des pratiques alternatives telles que la sophrologie, la relaxation ou encore l'aquatique prénatale. Ce n'est donc pas un hasard si les maternités du groupe enregistrent une hausse constante du nombre d'accouchements, alors que le taux de natalité en France est en diminution depuis plus de quinze ans.

– Des professionnels sont formés à l'hypnose – une alternative à l'anesthésie particulièrement efficace – afin de développer une médecine plus douce et moins traumatisante.

– Le taux de chirurgie ambulatoire se situe autour de 70 % dans certains établissements, avec un accompagnement à la sortie, ce qui représente un moindre coût pour la collectivité, une séparation moins longue du patient avec ses proches et une diminution du risque d'infection nosocomiale.

– La plateforme numérique BePATIENT (téléconseil et télésurveillance) accompagne la récupération postopératoire.

En somme, dans une mutuelle, si la contrainte de coûts est prise en compte, c'est l'objectif collectif de santé qui prime, et non la nécessité de rétribuer quelques actionnaires.

Partagez-vous le diagnostic de Stéphane Junique sur la nécessité de décloisonner l'ESS, de l'ouvrir à d'autres acteurs ?

T. D. : L'économiste Claude Vienney disait que, même au sein de l'ESS, les partenariats ne peuvent reposer que sur l'intérêt. On ne choisit pas son fournisseur en fonction de son statut, mais des prix et de la qualité de ses produits ; le projet politique ne suffit pas. Cette sociologie « fonctionnaliste » peut paraître froide, mais elle décrit bien la réalité.

À ce propos, je voudrais évoquer un personnage important de l'histoire de l'économie sociale. Jacques Moreau, qui a présidé le Crédit coopératif de 1976 à 1992, parlait d'une « économie sociale sans rivages ». Il invitait à conquérir de nouveaux champs, à répondre à de nouveaux besoins sociaux, à ne pas se crisper sur des statuts mais à préférer des processus instituants. Il prônait le passage d'une économie sociale *vécue* – le fait d'avoir une même appartenance juridique – à une économie sociale *voulue*, fondée sur des projets. C'est une question qui se posera pour définir les axes stratégiques et le périmètre du pôle des solidarités actives, Stéphane. Ne l'ouvrirez-vous qu'aux acteurs de l'ESS, ou des acteurs privés pourront-ils y participer ? Et si oui, à quelles conditions ? Voulez-vous exclure *a priori* une entreprise qui n'aurait pas les mêmes statuts mais pourrait partager les mêmes valeurs ?

S. J. : Non, je ne l'exclus pas. Bien au contraire, j'estime qu'il y a une réelle nécessité de créer des réseaux réunissant une diversité d'acteurs autour d'engagements et de projets communs.

Les mutualistes sont attachés à leur histoire, à leur identité et à leur indépendance. La prise en compte de leur rôle et de leur utilité a été un long combat, et nous sommes fiers que le mouvement mutualiste soit désormais reconnu comme acteur de référence dans le système de santé et de protection sociale. Maintenant que ce combat est gagné, il faut veiller à ce que cette fierté ne se transforme pas en isolement. Une stratégie d'alliance entre acteurs est indispensable. Il ne s'agit ni de faire preuve d'angélisme ni de diaboliser ceux qui pensent différemment ou qui ont des statuts autres que les nôtres. Les désaccords ne dispensent pas les acteurs qui partagent une vision commune de la société de dialoguer, parce qu'ils portent une responsabilité : imaginer ensemble des solutions d'avenir.

Prenons l'enjeu de la dépendance. C'est l'une des premières préoccupations des Français, qui voient dans la perte d'autonomie de nos anciens – et l'atteinte à la dignité qu'elle peut représenter – un sujet d'inquiétude pour eux-mêmes. Nous le savons, notre société n'est pas suffisamment préparée, à ce jour, à affronter le « mur » de la dépendance, qui soulève de redoutables défis de financement, de ressources humaines et d'organisation du système de santé. Or, l'enjeu du maintien à domicile des personnes âgées dépendantes est majeur. Celui-ci présente un triple intérêt : économique, psychologique et sanitaire. En dehors des situations de très grande dépendance, cette solution coûte moins cher à la collectivité que le placement en Ehpad (établissement d'hébergement pour personnes âgées dépendantes) ; prisée par le plus grand nombre, elle est plus rassurante pour l'entourage comme pour la personne âgée, car l'installation en maison de retraite est souvent vécue comme un déchirement, un échec ou une trahison par les proches – et perçue comme une déchéance par les entrants. Dans un non-dit commun, chacun y ressent le « début de la fin ».

Enfin, d'un point de vue médical, le maintien à domicile permet de retarder les processus d'affaiblissement et de dégénérescence physique et psychologique. Les gériatres sont unanimes : paradoxalement, le maintien en établissement de soins d'une personne âgée victime d'un problème de santé transitoire (fracture, malaise, etc.) l'affaiblit et accélère son décès. À l'inverse, un patient demeurant à son domicile, même invalide, peut continuer d'y pratiquer certaines activités familières, à son rythme, et se retrouve stimulé par la présence ou le passage de membres de sa famille, par le voisinage ou la visite d'aidants extérieurs.

C'est bien entendu une raison majeure pour encourager toutes les formes de maintien à domicile.

Les mutualistes s'organisent pour être utiles, mais ils ne pourront pas répondre seuls à cet enjeu de société. De nombreux entrepreneurs sociaux ont une expérience et une forte légitimité dans les métiers du soin et des services. Si nous poursuivons les mêmes buts, quoique sous une forme juridique différente, pourquoi aurions-nous à rougir de vouloir travailler ensemble? Le pôle des solidarités actives ne trouvera sa force que s'il se montre capable de faciliter ces stratégies d'alliance.

Vieillissement et lien intergénérationnel : quelle cohésion sociale demain ?

–En 2060, un tiers de la population française sera âgée de plus de 60 ans et les plus de 85 ans dépasseront les 5 millions, contre 1,4 million aujourd'hui (Insee).

–En 1960, il y avait 4 actifs pour 1 retraité ; en 2050, il y aura 1,2 actif pour 1 retraité.

–1,3 million de personnes sont en situation de dépendance ; elles seront deux fois plus nombreuses en 2060 (Insee).

–La durée moyenne de séjour en Ehpad a tendance à diminuer, car les personnes concernées et leurs familles retardent au maximum l'entrée en établissement, préférant le maintien à domicile tant que cela est possible.

–Plus de 8 millions de personnes aident régulièrement un proche en situation de perte d'autonomie ou de handicap.

Les enjeux liés à cette évolution démographique sont majeurs et doivent trouver des réponses à travers une coalition forte des décideurs publics et des acteurs de l'intérêt général. Quelles solutions de financement, d'hébergement, d'accompagnement et de maintien à domicile envisager? Comment impulser de nouvelles politiques sanitaires et médico-sociales dès lors que le recours à ces services s'est profondément transformé? Comment favoriser le lien intergénérationnel et les mécanismes de solidarité dans une société où les jeunes ont tendance à se sentir lésés et les personnes âgées stigmatisées? Comment mieux prendre en compte ces trajectoires de vie plus longues? Comment inclure dans cette réflexion le bien-être et la qualité de vie au travail des personnes encore en activité? Comment favoriser une évolution des politiques patrimoniales pour permettre aux personnes âgées de «liquéfier» leur patrimoine immobilier, afin qu'elles puissent à la fois aider leurs enfants et petits-enfants et dégager des ressources pour la prise en charge de leur éventuelle dépendance[47]?

Bref, on peut s'allier –il faut s'allier– mais pas avec n'importe qui…

S. J.: Toute alliance qui viserait à la marchandisation de la santé et à la financiarisation de la protection sociale est en effet pour moi inenvisageable. Parce que nous devons inscrire l'action des mutualistes au service de l'intérêt général et dans le soutien aux acteurs des solidarités actives.

Pourtant, on perçoit parfois, dans la société, un doute sur la capacité du tiers-secteur à être vraiment utile…

S. J.: J'avais été frappé, il y a quelques années, par une enquête qui mentionnait que, s'ils se retrouvaient en

47. Sur cette question, voir Jean-Hervé Lorenzi, «Une nouvelle vie pour notre patrimoine immobilier», *Le Cercle des économistes/Les Échos*, 22 juin 2016.

situation de précarité économique et sociale, 40 % des Français se tourneraient vers une association, bien avant l'État[48]. Cette confiance accordée aux associations tient en particulier à leur connaissance du terrain : c'est la principale qualité citée par les sondés, avec le fait de ne pas rechercher le profit et d'être transparentes financièrement.

En réalité, l'utilité du secteur associatif est démontrée quotidiennement, en ce sens qu'il irrigue de nombreux secteurs d'activité au contact de la population : sur un effectif total proche d'1,9 million de salariés, 60 % travaillent dans l'action sociale, humanitaire ou caritative, l'hébergement social et la santé[49]. Il représente la quasi-totalité des accueils d'urgence pour personnes en détresse, les trois quarts de l'hébergement médico-social privé, la moitié des crèches et la totalité des activités périscolaires. Je le constate dans les partenariats qu'Harmonie Mutuelle et le Groupe VYV nouent avec le secteur associatif : ce dernier dispose d'une expertise sociale considérable et complémentaire de celle des mutuelles.

Au fond, ce que votre remarque révèle, c'est tout le chemin qu'il nous reste à parcourir pour crédibiliser davantage encore le service social et économique que nous pouvons rendre. Je suis convaincu que l'alliance des acteurs des solidarités actives dans le portage de projets et d'investissements communs contribuera à dissiper ce doute et à nous rendre plus visibles.

Dans quel domaine êtes-vous le plus attendus au tournant, selon vous ?

48. « Les Français et la solidarité », étude de l'Institut CSA pour l'Uniopss et la Macif, janvier 2013.
49. Source : Insee, 2016.

S. J. : Il s'agit de la question des inégalités. Sans l'engagement des centaines de milliers de bénévoles qui font vivre les solidarités actives – de la distribution de colis alimentaires au soutien scolaire à des enfants en difficulté, parmi tant d'autres exemples –, notre pays serait bien davantage fracturé qu'il ne l'est aujourd'hui. Il en va de même pour les mutuelles : ceux qui ne bénéficient pas de complémentaire santé encourent un risque accru d'être privés de soins, sans même parler de l'accès au progrès médical. Laisser la fracture s'élargir, ce serait prendre le risque d'une société où s'ancrent la défiance, l'isolement et le populisme sous toutes ses formes. Aussi, les acteurs du non-lucratif doivent prendre une part de premier plan à sa réduction. Si nous cédons au fatalisme, une des dernières digues finira par sauter. En clair, nous devons faire la preuve de notre utilité sociale.

Outre son utilité, cependant, le non-lucratif est parfois perçu comme moins performant que le modèle économique classique. Cette valeur de performance est-elle au cœur des préoccupations de ce secteur ?

T. D. : *L'Atlas de l'économie sociale et solidaire 2017* indique que l'ESS serait « contracyclique », c'est-à-dire qu'en période de crise économique ses entreprises seraient plus résistantes que les autres. Par ailleurs, la place des mutuelles dans la protection sociale complémentaire est particulièrement forte en France, même si elle décroît tendanciellement, passant de 60 % de parts de marché en 2001 à 53 % en 2014[50]. Cela étant dit, comment mesurer la performance ? On la connaît dans sa dimension économique

50. Muriel Barlet, Magali Beffy et Denis Raynaud (dir.), *La Complémentaire santé. Acteurs, bénéficiaires, garanties*, Drees, 2016.

(la maximisation du profit), mais elle est aussi sociale. Cette utilité sociale, la loi ESS de 2014 la définit autour de trois axes :

– le soutien aux personnes fragiles ;
– la lutte contre les inégalités et les exclusions ;
– le développement durable, la transition énergétique et la solidarité internationale.

Comment mesurer cette performance-là ? On voit bien qu'il faut d'autres indicateurs que ceux dévolus à la performance économique. Dans les mutuelles, par exemple, l'utilité sociale se mesure à partir des pratiques de solidarité, même si celles-ci sont en recul : on cotise en fonction de son revenu et non des risques, ce qui est une façon de lutter contre les inégalités. La solidarité entre classes d'âge est effective pour près des trois quarts des personnes couvertes par une mutuelle, contre 5 % pour les sociétés d'assurances. Mais la tarification au revenu, qui concernait 37 % des personnes couvertes par des mutuelles en 2006, ne profitait plus qu'à 29 % en 2013[51].

Les performances économiques et financières des entreprises de l'ESS sont similaires à celles des sociétés commerciales, mais les premières sont au service d'un projet social : c'est tout le sens du réinvestissement des excédents. Le rapport 2016 de la Drees (Direction de la recherche, des études, de l'évaluation et des statistiques) sur la situation financière des organismes complémentaires assurant une couverture santé en atteste, qui signale que « les organismes à but lucratif ne semblent […] pas dégager un meilleur résultat technique en santé que leurs concurrents à but non lucratif ».

51. Aude Leduc et Alexis Montant, « Tarification des complémentaires santé : déclin des solidarités dans les contrats individuels », *Études et Résultats* n° 972, Drees, septembre 2016.

Les coopératives : des entreprises pérennes et dynamiques

– En 2016, 266 sociétés coopératives et participatives (Scop et Scic[52]) ont vu le jour.

– En quatre ans, leur nombre s'est accru de 22 % et leurs effectifs de 15 %.

– On en dénombre aujourd'hui 2 991, qui emploient 81 650 salariés.

– En 2016, elles ont généré un chiffre d'affaires de 4,6 milliards d'euros.

– Au-delà des Scop et des Scic, les 22 535 entreprises coopératives dans leur ensemble réalisent un chiffre d'affaires annuel de 320 milliards d'euros[53], ce qui équivaut à près de trois fois le secteur de l'automobile.

– Actives dans tous les secteurs, elles représentent 70 % de l'activité banque de détail, 40 % de l'agroalimentaire et 30 % du commerce de détail en France.

– La part des salariés travaillant dans une coopérative est de 5,5 % (1,3 million de personnes), en hausse depuis 2008.

– 81 des 100 premières coopératives ont leur siège social en régions. Ancrées localement, elles ne peuvent être délocalisées.

Sources : Confédération générale des Scop et Coop FR

52. Une société coopérative et participative (Scop) est gérée et dirigée collectivement par les salariés associés (créateurs ou repreneurs), qui détiennent au minimum 51 % du capital et 65 % des droits de vote. Sa gestion est démocratique et sans but lucratif. Les Scic (sociétés coopératives d'intérêt collectif), instituées en 2001, ont pour objet « la production ou la fourniture de biens et de services d'intérêt collectif qui présentent un caractère d'utilité sociale ». Leur fonctionnement est très proche de celui des Scop, à ceci près que le capital peut être détenu également par les bénéficiaires de l'activité (les clients, les usagers, les fournisseurs...) et par une troisième catégorie d'actionnaires regroupant des collectivités locales, des bénévoles, des financeurs, etc.

53. Il est toutefois à noter que, à eux seuls, les magasins Leclerc et le Crédit agricole représentent plus de 20 % de ce total. Cinq coopératives dépassent les 15 milliards d'euros de CA et une trentaine 1 milliard d'euros.

S. J. : Je retiens de ce que vous dites que les entreprises de l'ESS sont plus résistantes en période de crise : c'est en effet le constat qu'a fait l'Institut Montaigne en 2014 dans un rapport intitulé « Concilier démocratie et efficacité économique : l'exemple mutualiste ». Il note par exemple : « Le modèle mutualiste français s'est révélé plus résilient que les banques de détail européennes (y compris les banques coopératives étrangères). [...] En effet, si l'État a été contraint, en France, d'assurer un soutien transitoire en termes de liquidité et de renforcement des fonds propres [des banques], aucun réseau mutualiste n'a fait défaut. » Notre activité, qui est non spéculative, nous expose moins. C'est une réalité.

Ces entreprises sont aussi plus performantes dans le domaine de l'emploi : dans les coopératives, par exemple, on sait que les emplois créés sont plus pérennes...

T. D. : C'est vrai, et d'autant plus en période de crise économique : l'ESS gagne des emplois là où le secteur marchand en perd. C'est donc bien une économie contracyclique. À titre d'exemple, les entreprises du mouvement Scop ont un taux de pérennité à cinq ans de 66 %, contre 60 % pour l'ensemble des entreprises françaises[54]. Cependant, il convient d'être vigilant sur la qualité des emplois. Les travaux du sociologue Matthieu Hély[55] nous renseignent là-dessus. Dans le secteur associatif, les emplois sont souvent précaires, mal rémunérés, et une professionnalisation du management serait nécessaire. Mais cela ne tient pas tant aux emplois dans l'ESS qu'aux secteurs

54. CGScop, Rapport d'activité 2016.
55. Matthieu Hély est notamment l'auteur des *Métamorphoses du monde associatif*, PUF, 2009.

d'activité des entreprises. Si la précarité est importante dans une association culturelle, ce n'est pas parce que c'est une association, c'est parce qu'elle exerce dans un secteur dont le modèle économique est fragile. Quoi qu'il en soit, ce tableau contrasté ne doit pas masquer les points forts de l'emploi dans l'ESS : un travail qui a du sens et une participation élevée au sein de l'organisation.

Sur ce thème de l'emploi, je me permettrai une incise sur le débat autour des contrats aidés, qui concerne bien sûr en premier lieu les associations accueillant ces « contrats d'accompagnement dans l'emploi ». Les critiques développées insistent sur le risque de dualisation du marché du travail et sur l'inefficacité – à nuancer – de ce dispositif en termes de réinsertion durable. Mais la suppression des contrats aidés relève d'abord d'un coup de rabot budgétaire qui occulte l'utilité sociale de nombre de ces emplois. Le rapport Borello[56] pointe à juste titre la nécessité d'avoir une approche plus qualitative des contrats aidés, renommés « parcours emploi compétences » (PEC). Cependant, s'il est opportun de rappeler les devoirs des entreprises en matière d'insertion à travers la notion d'« employeurabilité », il ne faut pas oublier que l'insertion n'est pas seulement professionnelle, mais également sociale. Tout ne peut pas reposer sur l'employeur, dont l'accompagnement n'est possible que sur le lieu de travail. De même, la création d'un « Fonds d'inclusion dans l'emploi », géré par les préfets et regroupant les PEC et les postes de l'IAE, aura certes l'avantage d'assouplir des dispositifs peu agiles, mais il s'agit surtout d'entériner la baisse des crédits consacrés aux contrats aidés, puisqu'il est proposé que ce fonds soit

56. Jean-Marc Borello, « Donnons-nous les moyens de l'inclusion », rapport remis à la ministre du Travail le 16 janvier 2018.

doté d'1,6 milliard d'euros, alors que les contrats aidés ont coûté 2,4 milliards d'euros en 2017, malgré les coupes survenues en milieu d'année…

L'ESS en quelques chiffres
– Avec près de 165 000 organisations, les entreprises de l'ESS représentent 6 à 7 % du PIB national.
– Depuis 2000, elles ont créé 24 % de nouveaux emplois, contre 4,5 % dans les entreprises classiques.
– 2,38 millions de personnes travaillent dans l'ESS, soit près d'un salarié sur 10.
Source : « L'économie sociale et solidaire », economie.gouv.fr

S. J. : J'ai été très sensible aux réactions des acteurs des solidarités actives quand la décision de réduire de plus de moitié le nombre de contrats aidés (de 469 000 en 2016 à 200 000 en 2018) a été annoncée. Les conséquences d'une telle mesure sont réelles, nul ne peut l'ignorer. Certaines entreprises de l'ESS, dont un grand nombre de petites associations, risquent un arrêt de leurs activités, faute de financements publics suffisants. Par ailleurs – et en l'absence d'alternatives autres que la formation –, des dizaines de milliers de personnes en précarité sociale perdront l'une des rares chances qu'elles avaient d'accéder à un emploi, dans un contexte de chômage toujours massif. L'argument de la dépense a été avancé par les pouvoirs publics, mais combien cela coûtera-t-il d'indemniser les personnes qui n'auront plus cette activité pour vivre décemment ? Combien cela coûtera-t-il de financer les structures d'accueil ou les conséquences de l'isolement social ? Il y a ici une question de dignité humaine, exprimée par ceux qui interviennent auprès des publics fragiles, à laquelle je ne reste pas insensible. Je regarde de près, notamment, les expériences de territoires «zéro chômeur de longue durée», car elles montrent qu'en cassant les prés carrés des acteurs, on renoue avec l'objectif de reconquête de l'emploi, au lieu de se contenter du traitement social du chômage.

Les territoires zéro chômeur de longue durée
«Payer des emplois plutôt que des chômeurs»: tel est le principe de la loi «territoires zéro chômeur de longue durée», votée à l'unanimité par l'Assemblée nationale en février 2016. L'idée était de rassembler les aides qui auraient dû être versées à des chômeurs pour financer des entreprises qui, elles-mêmes, embaucheraient des chômeurs.
En novembre 2016, le programme a été mis en place dans dix territoires volontaires ruraux ou urbains (parmi lesquels Thiers, Villeurbanne ou encore la Métropole européenne de Lille). Il consiste à proposer à tout chômeur de longue durée qui le souhaite un emploi en CDI au Smic à temps choisi et adapté à ses compétences, en développant des activités utiles pour répondre aux besoins du territoire dans des domaines aussi divers que l'animation sportive ou culturelle, les services aux collectivités, le recyclage-réemploi, l'agriculture, l'aménagement des routes et des forêts, etc. Un an après le début de l'expérience, 420 personnes avaient été embauchées.
Renseignements: www.tzcld.fr

Pour Harmonie, ou pour les mutuelles en général, comment la performance –au sens de l'utilité– est-elle

appréhendée ? Est-elle mesurée, intégrée dans votre modèle ? Ou est-ce une valeur qui est proclamée mais qui, concrètement, reste un peu éloignée du projet ?

S. J. : Mesurer la performance et l'utilité sociale des mutuelles est, pour moi, un véritable levier stratégique. Dans un contexte marqué par la banalisation de nos mutuelles, il est essentiel de témoigner de notre différence et de démontrer la plus-value économique et sociale apportée par le modèle mutualiste.

Harmonie Mutuelle a intégré dès sa création une démarche de responsabilité sociale dans sa stratégie et son activité opérationnelle. Notre politique RSE fait régulièrement l'objet d'une évaluation par des experts indépendants. Ainsi, notre engagement responsable a été reconnu en 2018 par l'attribution du label « Engagé RSE », niveau « confirmé ». Cela illustre le fait que notre mutuelle porte une vision et des pratiques fondées sur une économie et une santé responsables, avec un engagement au plus près de chacun, pour le mieux-vivre de tous.

Cependant, je considère que la RSE est un concept trop réducteur, insuffisant pour mesurer le réel apport de nos mutuelles, en particulier dans les réponses apportées aux différents besoins sanitaires et sociaux des personnes. C'est pourquoi je plaide pour la mise en place d'une « empreinte mutualiste positive » – comme il existe une empreinte carbone. Cet outil nous permettra d'objectiver la cohérence entre les valeurs que nous portons au quotidien et les réalisations concrètes de nos mutuelles, de renforcer nos arguments face aux attaques dont nous faisons inutilement l'objet et de reprendre la main en nous appuyant sur des preuves concrètes de notre action. Enfin, cette empreinte constituera un outil d'amélioration pour nos entreprises, qui entreront ainsi dans une démarche de progrès.

L'objectif est de nous différencier des autres acteurs de la complémentaire santé. Les mutuelles rendent un service social plus important, et nous le démontrons tous les jours. Je pense par exemple aux cotisations individuelles rapportées à l'âge des adhérents (92 % des contrats ne progressent pas plus vite que l'âge), qui ont été mises en évidence dans une étude de la Drees. C'est une preuve incontestable du service social rendu : probablement faut-il le rendre tout simplement mieux perceptible.

Vous pourriez lancer une série d'indicateurs qui mettraient en lumière non seulement la performance de vos activités, mais aussi votre différence…

S. J. : Oui, et c'est bien l'esprit de l'empreinte mutualiste. La leçon de ces dernières années, c'est qu'aucun secteur n'est à l'abri d'une remise en cause radicale. Cette défiance à l'égard des acteurs traditionnels (politiques, institutionnels, économiques et sociaux), dont les mutuelles font partie, témoigne d'une demande de plus grande transparence et d'exemplarité réelle : en résumé, il ne suffit plus de proclamer ses valeurs pour être reconnu. Chaque acteur doit démontrer son utilité. C'est pourquoi nous avons la responsabilité de construire de nouveaux indicateurs, sans attendre que les pouvoirs publics les définissent à notre place. Ce chantier est d'autant plus important à mener que les mesures effectuées conduiront à définir des critères communs à l'ensemble du secteur de l'économie sociale et solidaire. L'empreinte mutualiste a vocation à nourrir, avec d'autres acteurs, le pôle des solidarités actives.

T. D. : La question des indicateurs est éminemment stratégique, car ce sont des instruments de pouvoir[57]. Le choix des outils de mesure dit clairement quels objectifs une société poursuit. Le produit intérieur brut (PIB) a pris une telle importance qu'il a dépolitisé le débat public : tous les yeux sont rivés sur les chiffres de la croissance économique, et les inégalités apparaissent comme secondaires. Du coup, on élit des technocrates pour gérer le pays ! C'est d'ailleurs pour parer à cela que la loi Sas, du nom de la députée écologiste qui l'a portée en 2015, a cherché à introduire de nouveaux indicateurs de richesse, sur l'emploi, l'investissement, l'endettement du pays, la santé, les inégalités, l'éducation, la protection de l'environnement et le bien-être ressenti[58]. Ces indicateurs ont été déclinés au niveau régional par le Commissariat général à l'égalité des territoires (CGET). La loi prévoit à la fois un état des lieux annuel de ces indicateurs et une évaluation d'impact des principales politiques publiques de l'État sur ceux-ci. Il reste à vérifier, cependant, si cela influera réellement sur le débat public et l'orientation des politiques conduites.

Dans une mutuelle, les indicateurs peuvent constituer un bel outil de gouvernance multipartite. Plusieurs méthodes existent. Par exemple, le « retour social sur investissement » vise à monétariser l'ensemble de la valeur produite (économique, mais aussi sociale et environnementale) pour la rapporter aux ressources monétaires engagées. Mais on bute sur une limite méthodologique : comment attribuer une valeur monétaire au social ? Les évaluations expérimentales

57. À ce sujet, voir Alain Desrosières, *Gouverner par les nombres*, Transvalor/Presses des Mines, 2008.
58. Loi n° 2015-411 du 13 avril 2015 visant à la prise en compte des nouveaux indicateurs de richesse dans la définition des politiques publiques.

permettent de contourner ce problème. Comme pour les expérimentations de médicaments, elles identifient un groupe testé et un groupe témoin aux caractéristiques semblables, puis mesurent les effets d'une action sur le groupe testé. Toutefois, la collecte et l'analyse des données demandent des moyens importants. En outre, il est parfois difficile d'identifier les variables dans un contexte social complexe. Enfin, cela pose des questions d'ordre déontologique pour les situations de fragilité extrême.

En résumé, cette méthode traduit le souci de mieux connaître le réel pour agir sur lui, mais elle ne règle pas la question du sens. Il en va autrement pour d'autres indicateurs. Il y a une vingtaine d'années, l'économie sociale et solidaire a produit son outil RSE : le «bilan sociétal», qui a la particularité d'inclure toutes les parties prenantes, internes et externes, dans l'évaluation de l'organisation. Plus récemment, en 2010, la norme ISO 26 000[59] a déterminé un cadre international. Ces deux dispositifs sont superposables et complémentaires, le premier étant davantage adapté à la spécificité des organisations de l'ESS et le second plus ouvert aux enjeux écologiques.

L'évaluation est autant un outil de gouvernance qu'un instrument de communication susceptible de démontrer – à travers les démarches de progrès ou les mesures d'impact social – l'utilité des organisations de l'ESS. Dernièrement, la loi Hamon a impulsé l'élaboration d'un *Guide d'amélioration des bonnes pratiques dans l'ESS*. À la différence des deux précédents outils, il ne nécessite pas l'accompagnement

59. La norme ISO 26000 «donne des lignes directrices aux entreprises et aux organisations pour opérer de manière socialement responsable. Cela signifie agir de manière éthique et transparente, de façon à contribuer à la bonne santé et au bien-être de la société». Voir www.iso.org.

d'un évaluateur externe et se révèle donc plus approprié pour les petites organisations. Huit items sont détaillés: la gouvernance démocratique, la concertation dans l'élaboration de la stratégie de l'entreprise, la territorialisation de l'activité économique et des emplois, la politique salariale et l'exemplarité sociale, le lien avec les usagers/bénéficiaires/clients, la diversité au sein de l'entreprise, le développement durable et enfin l'éthique et la déontologie. Enfin, la Fonda, l'Avise et le Labo de l'ESS ont ouvert un chantier prospectif sur la mesure de l'impact social pour crédibiliser les projets de l'ESS auprès des financeurs[60]. Dans tous les cas, entrer dans une démarche de progrès suppose une adhésion et une implication des parties prenantes, sous peine de rester superficiel.

S. J. : Cette performance doit aussi se mesurer à l'aune de notre apport aux dynamiques de territoire, dans les zones tant rurales qu'urbaines. Comme pour l'ensemble du secteur non lucratif, l'ancrage local de nos mutuelles est réel. Il s'exprime en termes d'innovations sociales, de maintien ou de développement d'emplois, de partenariats entre entreprises, y compris avec celles de l'économie classique. Les qualités de nos entreprises mutualistes font de nous des opérateurs recherchés par les collectivités locales pour répondre à des besoins non satisfaits ou pour investir dans des filières d'avenir. Si Harmonie Mutuelle soutient la création de la Cité de l'objet connecté à Angers[61], c'est parce qu'elle estime que les outils qui y sont élaborés seront précieux pour renforcer la prévention, la collaboration avec les

60. « ESS et création de valeur. Une approche prospective de la mesure d'impact social », Avise, Fonda et Labo de l'ESS, 2017.
61. Voir citedelobjetconnecte.com.

professionnels de santé et la structuration d'une e-santé au service des parcours de vie, mais aussi parce qu'elle considère qu'il est de sa responsabilité de contribuer à l'attractivité des territoires et des régions. Une entreprise, même prospère, qui évolue dans un environnement social fragile se fragilise à son tour. C'est pourquoi nous ne pouvons pas faire l'impasse sur la solidarité entre protagonistes d'un même territoire, afin de rendre celui-ci dynamique. Il y va de l'intérêt même des acteurs mutualistes de prendre soin de leur environnement économique et social, à travers leurs investissements et l'accompagnement de projets locaux.

Nous participons de la sorte à la performance des territoires, même si celle-ci ne peut pas être imputée exclusivement à l'intervention de la mutuelle : c'est une performance par ricochet, en quelque sorte. C'est aussi de cette manière que nous crédibilisons notre utilité sociale de proximité. Je voudrais que l'impact de nos actions soit davantage mesuré, tant dans les régions qu'au niveau national. C'est d'ailleurs pourquoi je soutiens les démarches tendant à évaluer et à noter les pratiques des entreprises portant sur les enjeux environnementaux, sociaux et de gouvernance (notation ESG).

Oui à la notation ESG !

La notation extra-financière permet de prendre en compte les critères « ESG » (environnement/social/gouvernance) lors de l'évaluation des entreprises, et donc de faire apparaître, entre autres, les comportements respectueux de l'environnement. En décembre 2017, à l'initiative de Nicole Notat, plusieurs investisseurs et chefs d'entreprise ont appelé les émetteurs d'actions ou d'obligations (État,

collectivités, entreprises) à communiquer leur note ESG, comme ils le font déjà pour leur notation financière. Cette initiative constitue un pas important vers la prise en compte des risques environnementaux potentiellement suscités par l'activité des entreprises. Elle répond à la nécessité, souvent exprimée, d'orienter l'épargne (publique comme privée) vers une croissance inclusive et relevant le défi du changement climatique : un enjeu crucial dans le cadre d'investissements à très long terme, pour lesquels les investisseurs ont besoin d'analyser la soutenabilité des entreprises et de leur modèle d'activité. Elle apporte enfin une solution aux nombreux épargnants qui veulent investir en toute confiance dans des produits d'épargne et d'assurance vie qui respectent les droits humains et ne détruisent pas la planète.
Le mouvement mutualiste, sous l'impulsion de la Mutualité française, a très largement soutenu cet appel.

Cette approche générale de la performance et cette injustice que vous dénoncez tous les deux (l'image sous-valorisée du tiers-secteur par rapport aux entreprises lucratives) ne sont finalement qu'un aspect d'une conception et d'une injustice plus larges : la survalorisation des « entrepreneurs » et le glissement d'un souci d'égalité des chances vers une démarche « de mérite », très perceptible dans les discours d'Emmanuel Macron…

T. D. : Je ne pense pas que nous soyons dans une société du mérite ! Pour le coup, nous avons là un discours de justification totalement infondé. Le président de la République a employé l'expression « premiers de cordée » pour qualifier les plus riches, censés tirer la société vers le haut. C'est le miracle annoncé par la théorie du ruissellement[62] ! Mais en quoi le fait d'avoir payé l'ex-impôt de solidarité sur la fortune fait-il de vous un premier de cordée ? Et puis c'est quoi, un premier de cordée ? Quel système de valeurs permet d'établir un tel classement ? Cela renvoie à un certain projet de société.

Cela ne me dérange pas qu'on valorise des entrepreneurs, des innovateurs, des individus qui prennent des risques… mais c'est totalement hors sujet dans une société où, si l'ascension sociale existe encore, elle est loin d'être répandue. Les travaux de Thomas Piketty sur les inégalités, entre autres, montrent une forte concentration du patrimoine[63]. Objectivement, ce n'est pas juste ! Cela n'a rien à voir avec une société méritocratique : cela prépare au contraire une société d'héritiers. Le modèle capitaliste français, aujourd'hui, est de type patrimonial : c'est le modèle Bettencourt.

Par ailleurs, on sait bien, depuis *Les Héritiers* de Bourdieu et Passeron[64], que les inégalités ne sont pas seulement économiques. Il en va de même pour le capital culturel et le capital social. Cette inégalité peut même

---

62. Selon la théorie du ruissellement, les revenus des individus les plus riches sont *in fine* réinjectés dans l'économie, soit par le biais de leur consommation soit par celui de l'investissement, contribuant ainsi à l'activité économique générale et à l'emploi dans le reste de la société. Cette théorie est notamment avancée pour défendre l'idée que les réductions d'impôts, y compris pour les hauts revenus, ont un effet bénéfique pour l'économie globale. L'image utilisée est celle des cours d'eau, qui ne s'accumulent pas au sommet d'une montagne mais ruissellent vers la base.
63. Thomas Piketty, *Le Capital au XXIe siècle*, Seuil, 2013. Voir aussi Lucas Chancel, Thomas Piketty et Gabriel Zucman, « Rapport sur les inégalités mondiales 2018 ».
64. Pierre Bourdieu et Jean-Claude Passeron, *Les Héritiers. Les étudiants et la culture*, Minuit, 1964.

se retrouver dans l'attribution des diplômes – le saint des saints de la société méritocratique. Cependant, je refuse la fatalité : je fais le choix d'être « optiréaliste », selon le joli mot d'Edgar Morin, c'est-à-dire de partir du réel pour aller à l'idéal, de passer de l'indignation à l'engagement, comme y appelait Stéphane Hessel[65].

S. J. : Vous parliez du glissement de la notion d'égalité des chances vers celle de mérite. Pour ma part, je constate que nos concitoyens ne croient plus à cette égalité des chances – et qu'elle ne peut plus constituer un mot d'ordre mobilisateur, synonyme de progrès partagé.

Nous devons affronter les réalités et mettre des mots sur les inquiétudes des citoyens. Le grand écart entre le discours sur l'égalité des chances (qui, dans notre secteur, se traduit en termes génériques par « égalité d'accès à la santé, au droit et à la protection ») et la réalité quotidienne au sein des territoires détruit la confiance et ruine l'espérance sociale d'une vie meilleure pour tous.

Nous devons rétablir les conditions d'une égalité réelle, *via* le respect de droits fondamentaux étroitement liés à la dignité humaine. Une des pistes avancées est celle de l'« égalité des possibles » mise en avant par Éric Maurin[66]. Elle a le mérite de rompre avec cette idée finalement très libérale d'égalité des chances, qui met tout le monde côte à côte sur la ligne de départ, mais renvoie ensuite chacun à sa responsabilité individuelle, voire à son isolement. L'égalité des possibles, quant à elle, insiste sur

---

65. Stéphane Hessel, *Engagez-vous !*, entretiens avec Gilles Vanderpooten, L'Aube, 2013.
66. Éric Maurin, *L'Égalité des possibles*, Seuil, « La République des idées », 2002.

la nécessité de réinterroger en permanence les situations d'inégalité, à chaque étape de la vie, et de rouvrir des dispositifs de lutte qui redonnent aux individus de nouvelles chances de choisir et de maîtriser leur destin. Elle vise une sorte d'égalité des chances de tous les instants, redéfinissant sans cesse le champ des possibles. Formation tout au long de la vie, parcours résidentiel, bien-vieillir, droits portables et individualisés… sont autant d'approches qui découlent de cette idée.

L'égalité des possibles peut donc être une notion fructueuse, générant des politiques publiques innovantes et suscitant l'émergence de nouvelles solutions. Mais elle ne doit pas pour autant conduire à dévaloriser le principe républicain d'égalité, auquel les Français sont très attachés, et qui fonde la légitimité de droits universels formant le socle même de la protection sociale et de l'engagement mutualiste. L'égalité républicaine des droits et des devoirs, dans toute sa force, demeure le fondement de la citoyenneté et de la dignité humaine.

Ce débat doit nous amener à faire évoluer notre appréhension des rôles et de l'action de chacun. À mes yeux, l'« égalité des chances » renvoie à la responsabilité d'un dispositif national et centralisé, producteur automatique de droits mais peu apte à prendre en compte les parcours de vie et leurs singularités. Tandis que l'« égalité des possibles » implique tous les acteurs des parcours de vie et professionnels – et non pas seulement les dispositifs de protection sociale et de santé nationaux. Elle s'attache à sécuriser ces parcours et à permettre aux personnes de surmonter ruptures et échecs. Elle permet de penser l'articulation entre action centralisée et initiative locale ; entre solidarités nationale, familiale et actives. Elle porte enfin une attention particulière aux exclus de l'accès aux droits, qui sortent des radars de la solidarité nationale alors qu'ils ont les mêmes droits républicains que tout autre citoyen.

Quels leviers activer pour traduire en actes cette « égalité des possibles » ?

S. J. : L'un des leviers prioritaires, selon moi, est d'investir dans la petite enfance. Il y a encore trop d'enfants pauvres dans notre pays. Un mineur sur cinq vit aujourd'hui sous le seuil de pauvreté[67]. Et cette pauvreté se transmet « en héritage », par le biais de l'échec scolaire puis du marché du travail. Les inégalités sociales commencent à se creuser dès le plus jeune âge. Les capacités cognitives, communicationnelles et relationnelles nécessaires à la réussite scolaire et professionnelle s'acquièrent avant même que soit atteint l'âge de la scolarité. Les enfants nés dans un milieu favorisé bénéficient de nombreuses sollicitations de ces capacités, ce qui n'est pas toujours le cas dans des foyers plus pauvres.

Donner une chance à tous suppose donc un service collectif de la petite enfance qui soit de qualité et accessible à tous. Comme le souligne Bruno Palier, « de tels services investissent dans les capacités de l'enfant en lui procurant une attention et une éducation stimulantes dès le premier âge ; ils permettent à la mère de rester sur le marché du travail ; ils supposent de créer des emplois de qualité pour ceux qui vont s'occuper des jeunes enfants[68] ».

Un mode de garde collectif tel que la crèche constitue donc un outil de limitation des inégalités : garantir les

67. « Chaque enfant compte. Partout et tout le temps », Unicef France, juin 2015.
68. Bruno Palier, « La stratégie d'investissement social », avis du Cese, 2014.

meilleures conditions de garde et d'éveil permet de prévenir l'exclusion. Ce n'est pas un hasard si les mutualistes se sont engagés très tôt dans cette activité. Dès 1892, les premières mutuelles maternelles, prémices des services de protection maternelle et infantile, proposaient à leurs sociétaires des consultations médicales et quatre semaines de congé-maternité pour s'occuper de leur enfant. Au début du XXe siècle, les sociétés de secours mutuel polyvalentes, ancêtres des mutuelles, ont participé à l'aide à l'enfance en créant les premières crèches. Les ouvrières qui en bénéficiaient participaient au fonctionnement de ce service en versant une cotisation.

Fortes de cet héritage, les mutuelles sont encore aujourd'hui pleinement impliquées dans les activités de la petite enfance et investissent dans des services de qualité et accessibles à tous. Plus de 30 000 enfants sont accueillis chaque année dans les 172 services et établissements de la Mutualité. À travers leurs services pour la petite enfance, les mutualistes s'attachent – avec les caisses d'allocations familiales, les collectivités locales et les entreprises – à répondre à l'un des plus grands enjeux de la société : concilier vie familiale et vie professionnelle.

Toutefois, au-delà du développement des structures d'accueil de proximité, nous devons être vigilants sur leurs conditions d'accès. Nous avons tous en tête ces règlements de crèches qui donnent la priorité aux familles dans lesquelles les parents occupent tous les deux un emploi. Si le but est seulement de rendre un service de garderie à des personnes qui travaillent, c'est compréhensible. Mais s'il est de garantir l'égalité des possibles, de permettre à l'enfant de se socialiser et à ses parents de trouver du temps pour chercher du travail ou se former, alors il faut revoir ces limitations pour rendre accessible (fût-ce seulement une partie de la journée) l'accueil des enfants de personnes sans activité professionnelle.

Inégalités et petite enfance : faisons le pari du potentiel, pas celui de la chance !

Si la croissance économique mondialisée a permis une hausse généralisée du niveau de vie moyen, elle s'est assortie d'une dérégulation qui a favorisé l'accroissement des inégalités et une concentration massive des richesses et des patrimoines. Quelques chiffres permettent de prendre la mesure du phénomène :

– En France, après impôts, les 1 % de salariés les plus riches gagnent 4 fois plus que le salaire moyen, et les 1 % de détenteurs des plus gros patrimoines possèdent un capital 205 fois supérieur au patrimoine moyen[69].

– Dans un contexte où le rendement du capital semble durablement plus élevé que celui du travail, les inégalités ne peuvent que s'accroître. Ainsi, les patrimoines hérités, qui représentaient 45 % de la valeur totale des patrimoines en 1970, pèsent près de 70 % aujourd'hui et pourraient atteindre 80 % à partir de 2050[70].

– « 70 % des enfants de cadres exercent un emploi d'encadrement quelques années après la fin de leurs études. À l'inverse, 70 % des enfants d'ouvriers demeurent cantonnés à des emplois d'exécution », note le sociologue Camille Peugny[71]. La fin des Trente Glorieuses est allée de pair avec

69. Source : Thomas Piketty, *Le Capital au XXIe siècle, op. cit.*
70. *Ibid.*
71. Camille Peugny, *Le Destin au berceau. Inégalités et reproduction sociale*, Seuil, 2013.

une polarisation accrue de la structure sociale entre classe moyenne, groupes favorisés et classes populaires.
– À 4 ans, selon un rapport du think tank Terra Nova, « un enfant issu d'une famille défavorisée a entendu en moyenne 30 millions de mots de moins qu'un enfant de famille aisée – parce que ses parents lui ont beaucoup moins parlé à la maison. Il maîtrise aussi deux fois moins de mots en moyenne qu'un enfant de milieu favorisé, ce qui ralentira son apprentissage ultérieur de la lecture[72] ».
Ces quelques données en témoignent : dans un système qui a du mal à lutter réellement contre la reproduction sociale, c'est dès l'enfance que les inégalités doivent être combattues, qu'elles soient relatives à l'éducation, à la santé, aux conditions de vie, aux liens sociaux, etc. Des modèles agissant sur le temps long, sans exigence de rentabilité immédiate, doivent trouver leur place pour que la performance sociale ne soit pas sacrifiée à une performance économique qui fragilise les générations futures.
La stratégie d'investissement social est efficace à condition de combiner protection et promotion sociale. Elle peut être envisagée comme un complément (voire, dans certains champs, un renouvellement) des logiques de protection classiques. Cette stratégie repose sur une action ajustée à chaque personne dans le cadre d'une offre de services universels (une stratégie parfois qualifiée d'« universalisme proportionné »), garante d'une réelle dynamique de mobilité sociale au profit du plus grand nombre, dans laquelle l'individu est invité à être acteur de sa trajectoire de vie, ce qui est source d'émancipation et d'autonomie. Comme le résume le chercheur danois Jon Kvist, l'investissement

72. Florent de Bodman *et al*, « Investissons dans la petite enfance. L'égalité des chances se joue avant la maternelle », Terra Nova, mai 2017.

social repense l'État social dans la perspective dynamique et multidimensionnelle du parcours de vie. Il génère de la croissance inclusive par une démarche de prévention plutôt que de réparation.

T. D. : Je trouve intéressant d'opposer la notion d'égalité des possibles à celle d'égalité des chances, comme vous l'avez fait. Miser sur les chances, en effet, revient à justifier les inégalités. Dans l'égalité des possibles, qui renvoie aux travaux d'Amartya Sen sur les « capabilités[73] », il s'agit d'abord d'identifier les leviers permettant d'exercer vraiment sa liberté, de favoriser l'autonomie du projet de vie. C'est une conception positive de la liberté qui vise à équiper les individus de capacités dans les domaines de l'éducation, de la santé, etc. La liberté ne consiste pas seulement à ne pas leur opposer de limites, comme dans la liberté négative du libéralisme classique.

En toile de fond, cela renvoie aussi au regard que l'on pose sur les personnes les moins favorisées…

T. D. : Le sociologue Serge Paugam, en effet, a pointé la « disqualification sociale[74] » induite par le revenu minimum d'insertion. L'ambition du RMI était pourtant de dépasser les nombreux dispositifs locaux d'assistance en établissant un cadre général cohérent et financé par la solidarité

73. Amartya Sen est un économiste indien, prix Nobel d'économie en 1998 pour ses travaux sur la famine, la théorie du développement humain, l'économie du bien-être et les mécanismes de la pauvreté. Selon lui, une « capabilité » est la possibilité effective qu'a un individu de faire librement des choix.
74. Serge Paugam, *La Disqualification sociale. Essai sur la nouvelle pauvreté,* PUF, 1991.

nationale, en fixant des droits (ce minimum lui-même, ainsi que des prestations concernant le logement et la couverture maladie) et des devoirs inscrits dans un contrat d'insertion professionnelle et sociale. Mais ce dispositif a échoué à effacer les stigmates frappant les bénéficiaires du RMI – et aujourd'hui du RSA.

L'image associant pauvreté et dégradation morale (ou déviance) est ancienne. Au XIXe siècle, les travaux des pionniers de la sociologie – les enquêtes sociales du docteur Louis René Villermé dans le nord et l'est de la France dans les années 1830 ou celles du polytechnicien Frédéric Le Play dans les années 1850 – ont fait émerger la question sociale, mais ils ont aussi révélé la perception des plus défavorisés par les élites : en caricaturant à peine, le pauvre était celui qui vivait dans la saleté, était alcoolique, imprévoyant et se rendait chez les filles de joie… Derrière ces représentations, il y avait un préjugé religieux renforcé par l'idée de « charité ». Si, étymologiquement, la charité signifie l'amour du prochain, elle est porteuse d'ambiguïtés quand elle est conçue comme un don sans réciprocité, qui assigne le pauvre à sa condition et l'enferme dans une relation de dépendance.

Même si les mentalités ont évolué, ces représentations existent encore. Plusieurs sociologues réunis par Serge Paugam l'ont récemment démontré dans le cas de trois grandes métropoles : Sao Paulo, Delhi et Paris. La ségrégation entre les riches et les pauvres s'accentue, les premiers la justifiant au nom d'une frontière morale, voire d'une répulsion physique[75]. Ces préjugés se retrouvent dans la critique de l'assistance, comme en témoigne le

---

75. Serge Paugam, Bruno Cousin, Camila Giorgetti et Jules Naudet, *Ce que les riches pensent des pauvres*, Seuil, 2017.

terme d'« assistanat », visant à disqualifier la personne démunie, perçue comme un « fainéant » qui vivrait du travail des autres. On se souvient de la phrase de Laurent Wauquiez en 2011, à l'époque où il était ministre des Affaires européennes : « L'assistanat est un cancer. » Cet état d'esprit renvoie au modèle bismarckien de protection sociale instauré après-guerre : les assurances sociales rendent légitime la dépense sociale, car elles sont financées par des cotisations sur le travail ; l'assistance, financée par l'impôt et ciblant les plus fragiles, paraît moins justifiée. Ce hiatus est à l'origine du glissement sémantique du mot « social » : désormais associé à la figure de l'« assisté », il est délégitimé. Or, le social, ce n'est pas ça ! C'est le substrat des interactions entre les individus, lesquelles génèrent en permanence la société.

Pour contrer cette conception du social, il nous faut revenir à l'universalité voulue par les fondateurs du solidarisme, qui, à la toute fin du XIXe siècle, ont posé les bases philosophiques de l'État-providence. Selon cette école de pensée, la solidarité repose sur l'idée qu'il existe un quasi-contrat entre l'individu et la société – « quasi », parce que l'individu et la société occupent des positions asymétriques. Cette théorie amende celle du contrat social de Rousseau, puisque le consentement au contrat rousseauiste se produit *a posteriori*, il n'est pas donné à la naissance. Dans la théorie solidariste, au contraire, tout individu, en naissant, bénéficie du savoir accumulé, des institutions existantes, etc. Il contracte donc une dette envers la société, plus ou moins importante selon sa position. Il revient alors à l'État de prélever des impôts progressifs au titre du remboursement de cette dette. Le solidarisme constitue la matrice d'une solidarité de droits garantis par l'État.

Tout l'enjeu de cette conception du social est de dénoncer l'hégémonie du marché. Quand François Fillon, candidat à l'élection présidentielle de 2017 pour Les Républicains, propose, en matière de santé, de réserver l'assurance publique aux affections graves et de longue durée et d'abandonner tout le reste au privé, il promeut l'idée d'un marché autorégulé. Mais ce n'est rien d'autre qu'une dissolution de la société, un réductionnisme économique qui ne pense l'homme que comme un agent mû par l'intérêt.

Pourtant, le marché lui-même n'est pas déconnecté de la société ; les relations marchandes sont encastrées dans le social. L'idée d'un marché autorégulé est un mythe d'économistes, une abstraction. Les marchés sont historiquement situés, et leurs différentes formes peuvent cohabiter. Entre le marché du village et celui de la Bourse, la différence n'est pas seulement d'échelle, mais de nature. Les travaux récemment réédités de l'économiste Karl Polanyi fondent cette approche théorique sur la diversité des formes économiques[76], qui légitiment la spécificité de l'économie sociale et solidaire.

S. J. : Outre le regard porté sur les bénéficiaires de droits, la question de l'effectivité de ces droits est essentielle. Elle est devenue tout aussi prioritaire que la création de nouveaux droits. Selon le rapport annuel du Secours catholique publié en novembre 2017, 31 % des ménages français ou étrangers éligibles aux allocations familiales n'en perçoivent pas. Quant au non-recours à la couverture

76. Karl Polanyi, Conrad M. Arensberg et Harry W. Pearson, *Commerce et marché dans les premiers empires. Sur la diversité des économies*, Le Bord de l'eau, 2017.

maladie universelle (CMU) complémentaire et à l'aide à l'acquisition d'une complémentaire santé (ACS), il représenterait 800 millions d'euros non versés. Concernant la seule ACS, environ 60 % des personnes éligibles n'y ont pas recours[77]. Ces chiffres extrêmement élevés – et préoccupants – battent en brèche les préjugés souvent colportés sur les personnes en situation de précarité, soupçonnées de « profiter du système ». Une importante partie d'entre elles renonce tout bonnement à ses droits – par méconnaissance ou difficulté d'accès aux services administratifs, mais aussi, parfois, à cause d'un sentiment de honte[78]. La réduction du non-recours aux droits, particulièrement dans les champs de la santé, du logement et de la protection sociale, est un enjeu capital qui doit être au cœur de l'action concertée entre les acteurs des solidarités actives.

De même, il est tout aussi important d'être vigilant sur les taux de remboursement affichés par la Sécurité sociale, car l'écart entre ces derniers et la réalité vécue suscite de la défiance. Si le taux d'intervention de la Sécu demeure stable, aux alentours de 77 % en moyenne, le montant des remboursements n'est plus en rapport avec les sommes dépensées par les patients. La prise en charge demeure importante pour les soins les plus lourds, notamment hospitaliers, mais elle ne l'est plus pour les soins courants. Par exemple, en optique, l'Assurance maladie rembourse 4 % de la facture, les mutuelles 68 %, le reste étant à la charge du patient. En dentaire, c'est à peine mieux, avec seulement 18 % des dépenses couvertes par la Sécurité sociale.

---

77. Source : ministère de la Solidarité et de la Santé, Direction de la recherche, des études, de l'évaluation et des statistiques (Drees), 2015.
78. Voir notamment Philippe Warin et Antoinette Catrice-Lorey, *Le Non-recours aux politiques sociales*, Presses universitaires de Grenoble, 2016.

Aujourd'hui, ces taux ne veulent plus rien dire, puisque, dans bien des cas, les bases sur lesquelles ils s'appliquent se sont éloignées de la réalité des prix, en raison notamment des dépassements d'honoraires. D'où une lente mais insidieuse dégradation du niveau réel de prise en charge. Globalement, la Sécu ne rembourse plus que la moitié des dépenses de santé des Français, aussi est-il de plus en plus difficile de se soigner sans mutuelle. Conséquence : celles et ceux qui en sont privés renoncent deux fois plus aux soins que le reste de la population. Les mutuelles sont devenues indispensables. C'est une réalité : la Sécurité sociale ne suffit plus.

Chapitre 3
UNE ALLIANCE POUR ET PAR L'ACTION

Nous avons tenté de définir le pôle des solidarités actives, mais quels seraient son contenu, ses missions?

S. J.: D'abord, un constat: le monde cloisonné que nous connaissions est en train de s'ouvrir. Il se caractérisait par des politiques publiques «en tuyaux d'orgue» qui conduisaient chaque acteur à rester dans son couloir sans regarder ce qui se faisait à côté, et à construire sa légitimité, son expertise, en fonction de ses intentions propres. Dans cette approche, la place et le rôle des différentes structures étaient avant tout déterminés par leurs statuts respectifs. Ce monde étanche se caractérisait aussi par une différenciation très tranchée entre acteurs publics et privés, avec ce présupposé: les acteurs publics sont des gens utiles parce qu'ils défendent l'intérêt général; les acteurs privés sont des gens sérieux parce qu'ils sont économiquement solides. Puis est apparu le tiers-secteur, comme l'a expliqué Timothée. Porteur de valeurs généreuses, il était lui aussi perçu comme utile, parce qu'il complétait des politiques d'assistance des pouvoirs publics. Toutefois, les acteurs mutualistes, comme ceux de certaines coopératives, ont vite été enfermés dans un rôle de «réparation». On ne pouvait imaginer qu'ils soient puissants, à l'instar de grands acteurs industriels ou publics.

C'est en partie pour cette raison que l'idée du non-lucratif ne s'est jamais imposée. Et les acteurs du tiers-secteur eux-mêmes ont trop cultivé leur propre jardin, au risque de s'y enfermer. Il y avait le jardin mutualiste, le jardin coopératif, le jardin associatif, etc. Or, je suis convaincu que c'est la porosité entre ces différents jardins qui nous donnera la possibilité d'imaginer un pôle des solidarités actives. On le constate déjà : les politiques deviennent de plus en plus transversales. Les acteurs associatifs, mutualistes et coopératifs sont amenés à travailler ensemble pour accompagner leurs adhérents, usagers ou clients tout au long de leur vie. Par exemple, Harmonie Mutuelle, qui se positionne comme un acteur de la prévention au travail, doit s'allier, pour être efficace, avec des intervenants de terrain ayant une expertise en la matière. C'est le cas notamment de l'association Ciel bleu, qui a démontré son savoir-faire dans la prévention des accidents du travail.

Alors, quelles missions pour ce pôle ? D'abord, puisque la puissance publique a perdu le monopole de l'intérêt général, il doit assumer le fait qu'il est lui-même « producteur d'intérêt général ». Ensuite, il lui faut développer des stratégies d'investissement social pour accompagner – sur le long terme – les besoins de transformation : lutte contre les inégalités sociales, adaptation au vieillissement de la population, transformation des villes en vue de limiter le réchauffement climatique… Enfin, avec ses adhérents, ses sociétaires et les citoyens, il doit porter une vraie culture de l'engagement et de la citoyenneté active.

En somme, une alliance pour et par l'action…

S. J. : Oui ! Pour moi, c'est la finalité. Pour pouvoir exercer une influence, le pôle des solidarités actives doit s'organiser selon une logique d'acteurs, autour de projets communs d'investissements et de services.

Timothée, quel regard portez-vous sur cette idée de pôle des solidarités actives et l'évolution qui en découle?

T. D. : La notion de pôle porte en elle une idée de réseau et de projet commun. Elle permet de fédérer un certain nombre d'acteurs qui sont divers mais susceptibles d'avoir des valeurs et des intérêts convergents. Et l'expression « solidarités actives » renvoie au lien social et à l'implication des citoyens, qui ont pour corollaire des valeurs non marchandes compatibles avec la définition de l'intérêt général. Le pôle des solidarités actives apparaît donc comme un processus instituant d'acteurs « polarisés » autour d'un projet commun qui produit de la solidarité et participe de la définition de l'intérêt général, dont on postule qu'il n'est pas détenu de façon monopolistique par l'État mais qu'il est le résultat d'une procédure d'élaboration avec la société civile.

Attention toutefois avec la « société civile », car cette notion est souvent floue. Pendant les élections législatives du printemps 2017, les candidats de La République en marche (LREM) se sont présentés comme « issus de la société civile » parce qu'ils venaient du monde de l'entreprise. Mais l'entreprise, qui est l'unité de base du marché, ne relève pas de la société civile. Comme son nom l'indique, celle-ci renvoie davantage à la citoyenneté, donc à la démocratie. Elle n'est pas une somme d'intérêts particuliers et, dans tous les cas, elle n'englobe pas les sociétés de capitaux!

La société civile peut avoir une dimension économique, évidemment, mais c'est bien sa fonction politique qui la définit. Or, les mutuelles sont à la fois des entreprises et des associations, ce sont des groupements de personnes et non de capitaux: elles possèdent une dimension politique qui s'exprime par le principe « une personne, une voix ». On évoque souvent, à leur propos, le risque d'« isomorphisme institutionnel» ou, pour le dire autrement, de «banalisation» ou de «démutualisation»: c'est-à-dire une adoption, au fil du temps, des règles de l'économie conventionnelle. Une mutuelle se banalise quand elle perd sa fonction politique, quand le militantisme qui l'irriguait disparaît, quand ce qui fonde sa spécificité, à savoir son intégration à la société civile et sa contribution à l'intérêt général, n'existe plus[79].

Une autre notion évoquée par Stéphane mérite quelques éclaircissements. C'est celle d'investissement social, au cœur de l'alliance d'intérêt général entre l'État et la société civile. Elle est défendue par des théoriciens de l'État-providence, et Gosta Esping-Andersen en est le principal artisan[80]. L'objectif est de redonner une légitimité aux dépenses sociales. En effet, celles-ci sont aujourd'hui perçues comme des «charges», comme en témoignent les débats sur l'aide personnalisée au logement (APL) ou les contrats aidés, et des économies budgétaires sont sans cesse réalisées à leurs dépens. Ces théoriciens s'inspirent du paradigme keynésien d'après-guerre, qui justifie les dépenses sociales par leurs effets positifs sur la croissance économique : selon eux, c'est parce qu'on investit dans l'éducation et la santé qu'on améliore la productivité de la nation.

Le prisme économique n'est cependant pas exclusif ; la question des inégalités est centrale. Exemple type : investir dans l'accueil des jeunes enfants permet de réduire les inégalités entre les femmes et les hommes aujourd'hui (en permettant aux premières d'occuper un emploi, puisque, dans l'immense majorité des cas, ce sont elles qui gardent

79. Voir notamment Philippe Frémeaux, *La Nouvelle Alternative ? Enquête sur l'économie sociale et solidaire*, Les Petits Matins/Alternatives économiques, 2015 (1re éd., 2011).
80. Gosta Esping-Andersen (avec Bruno Palier), *Trois leçons sur l'État-providence*, Seuil, 2008.

les enfants quand ceux-ci ne sont pas pris en charge à l'extérieur) et plus tard à l'intérieur d'une même génération, puisque les écarts se creusent dès le plus jeune âge, comme Stéphane l'a rappelé. D'où l'importance de l'ouverture de places en crèche ou du développement récent des maisons d'assistantes maternelles, du soutien à la parentalité, de la prévention précoce, de l'éveil culturel, etc. En France, l'investissement social a été popularisé en particulier par Bruno Palier, auteur d'un rapport pour le Conseil économique, social et environnemental (Cese)[81] et cheville ouvrière d'un séminaire organisé tout au long de l'année 2016 par Sciences Po-Paris, la Direction générale de la cohésion sociale, France Stratégie, la Caisse nationale d'allocations familiales et la fondation Apprentis d'Auteuil[82].

Le point important du pôle des solidarités actives tel que Stéphane l'a décrit réside dans l'articulation entre l'investissement social et le *care* – c'est-à-dire la bienveillance, le soin de l'autre, le don, et donc le lien social. Avec l'investissement social, on relégitime le social en instrumentalisant l'imaginaire économique de notre société. Avec le *care*, l'approche est plus sensible. Nous marchons sur nos deux jambes : la froide rationalité et la chaleur humaine, la stratégie et la proximité…

Concernant la structuration de l'économie sociale et solidaire, qui constitue un axe important de vos travaux, partagez-vous l'analyse de Stéphane Junique ?

T. D. : Je le rejoins sur l'idée que l'ESS s'est structurée sur un plan essentiellement institutionnel, dans un souci

81. Bruno Palier, « La stratégie d'investissement social », *op. cit.*
82. *L'Investissement social : quelle stratégie pour la France ?* (collectif), La Documentation française, 2017.

d'établir sa légitimité vis-à-vis des pouvoirs publics. Ses différents mouvements se sont peu à peu rassemblés au sein d'un comité de liaison créé dès 1970. Le Conseil des entreprises et groupements de l'économie sociale (Ceges) a cependant implosé en 2008-2009, avec le départ du mouvement coopératif. Sans entrer dans les détails, le conflit a éclaté sur la question de la représentation du champ de l'ESS. Une fracture est apparue entre la représentation politique de l'ESS (celle des mouvements : la Mutualité française, Coop Fr, etc.) et la représentation des syndicats d'employeurs de l'économie sociale. La création de l'Union des employeurs de l'économie sociale et solidaire (Udes) a entériné la scission. Des tensions peuvent être observées également au niveau régional entre les Chambres régionales de l'ESS (Cress) et les sections de l'Udes. L'hétérogénéité des secteurs d'activité de l'ESS – avec une histoire, un mode de structuration et des intérêts propres à chacun – a freiné leur unification dans un seul vrai syndicat et a déstabilisé la représentation politique des mouvements.

La loi ESS a tenté de reconstruire cette représentation politique, nécessaire pour donner un interlocuteur légitime à l'État. Pour succéder au Ceges, elle a impulsé la création d'une nouvelle association représentative : la Chambre française de l'économie sociale, devenue ESS France. Elle a reconnu en outre le rôle des Cress dans la gouvernance et la régulation de l'ESS au niveau territorial. Cependant, la loi n'a que partiellement réussi sa tâche unificatrice. Si les Cress ont été étroitement associées aux conférences régionales de l'ESS pilotées par les Régions et l'État, ainsi qu'à la définition d'un volet ESS au sein des schémas régionaux de développement économique, d'innovation et d'internationalisation (SRDE2I), ESS France ne parvient pas à s'imposer comme la voix de l'économie sociale et solidaire en France. J'en veux pour preuve la nomination fin 2017 du président du Mouvement des entrepreneurs sociaux (Mouves), Christophe Itier, au poste de Haut-Commissaire à l'économie sociale et solidaire et à l'innovation sociale.

Il importe désormais de construire des partenariats de projet, comme le prévoit le pôle des solidarités actives. Pour parvenir à la transversalité qui caractérise cette vision, il conviendrait d'abord de renforcer la complémentarité entre les mutuelles du Livre II (complémentaires santé) et celles du Livre III (services de soins et d'accompagnement mutualistes – SSAM). Les mutuelles de santé peuvent investir dans les actions innovantes et de prévention des SSAM (télémédecine, sport santé, etc.) pour proposer une offre globale et se différencier des assurances. C'est grâce à ce décloisonnement que la question du parcours de l'usager pourra être traitée.

Un autre enjeu stratégique – parce qu'il peut renforcer la démocratie mutualiste –, c'est la territorialisation. Pour être transversal, il faut partir des besoins des usagers, ce qui suppose de les connaître et de les faire participer. Il est nécessaire d'être sur le terrain, là où on rencontre des personnes et où des signaux faibles peuvent être captés. Les militants mutualistes doivent pouvoir conduire des actions conjointes non seulement entre eux mais aussi avec des acteurs externes. Cela ouvre tout le champ des actions de prévention – par exemple avec les associations du secteur social et du secteur sanitaire et social, ou avec les bailleurs sociaux.

Il est également possible de renforcer la démocratie interne, grâce à de nouveaux instruments. Je pense aux *civic tech*, comme la plateforme *open source* DemocracyOS, un outil collaboratif qui pourrait permettre aux adhérents de contribuer à l'élaboration des textes d'orientation, et qui aurait l'avantage de favoriser l'engagement des jeunes et des actifs, à un moment où la Mutualité s'interroge sur le renouvellement de ses membres.

Enfin, il est indispensable de concevoir une alliance d'intérêt général avec l'État. Erik Olin Wright pointe la nécessité de développer, d'un côté, des stratégies « interstitielles » visant à expérimenter concrètement des innovations sociales et, de l'autre, des stratégies « symbiotiques », dont l'objectif est de les soutenir et de les diffuser à grande échelle en prenant appui sur l'État[83].

C'est un tableau enthousiasmant, mais *quid* du risque de banalisation que vous évoquiez tout à l'heure ?

Ce risque de banalisation est traditionnellement imputé à la concentration des organisations mutualistes. La concentration appartiendrait nécessairement au monde capitaliste, puisqu'elle serait une réponse à la concurrence. Je réfute cet argument. D'ailleurs, l'économiste autrichien Joseph Schumpeter craignait au contraire, en 1942, que l'inexorable concentration des entreprises conduise… au socialisme. En revanche, il existe un risque bien réel non seulement d'une technocratie contrôlant l'appareil au détriment du politique, dépassé par la complexité de l'organisation, mais aussi d'un recul des initiatives de proximité. De ce point de vue, le rapprochement des mutuelles de la fonction publique et des mutuelles interprofessionnelles au sein du groupe VYV représente une occasion de réinterroger le projet mutualiste, dont le sens peut se perdre dans les routines quotidiennes.

---

83. Erik Olin Wright, *Utopies réelles*, La Découverte, 2017.

Cette nouvelle approche pose la question de la gouvernance et, de façon subséquente, celle de la formation des militants. La Mutuelle générale de l'Éducation nationale (MGEN) est l'archétype de la gouvernance mutualiste. Autrefois, les élus y cumulaient des fonctions politiques et techniques, mais la loi de séparation et de régulation des activités bancaires, en 2013, a exigé une professionnalisation des mutuelles et clarifié les choses en confiant la politique aux élus et la technique aux collaborateurs. Ainsi, face à la technicité croissante des organisations financières et à la responsabilisation des dirigeants par le législateur, la formation est devenue un enjeu stratégique pour la gouvernance mutualiste.

À la MGEN (qui compte environ 3 000 élus), pour pouvoir se former, les cadres militants bénéficient de mises en disponibilité et de cursus nombreux et pointus. Par exemple, la mutuelle envoie ses nouveaux cadres une semaine par mois pendant un an dans son centre de formation historique de La Verrière, dans les Yvelines, à la fois pour développer leurs compétences et pour renforcer la cohésion mutualiste. Ces pratiques ne pourront sans doute pas être dupliquées telles quelles partout, mais elles pourraient très bien essaimer à la faveur de la constitution du groupe VYV. En effet, le risque de banalisation de l'économie sociale et solidaire est très souvent contrebalancé par un mouvement de réaction identitaire et de réaffirmation de la spécificité de ses règles.

S. J. : La banalisation du terme « mutuelle » est une réalité. Dans le langage courant, il renvoie à la couverture santé : la plupart des gens ne font pas la distinction entre une compagnie d'assurance privée, un « bancassureur », une institution de prévoyance et une « vraie » mutuelle. C'est la nature de l'activité portée par ces organismes qui est communément retenue, plutôt que leur statut. C'est pourquoi il est urgent de redonner du sens à ce mot et de revivifier la perception de la différence mutualiste. Une vraie mutuelle ne fait pas de sélection et n'exclut personne ; la tarification de ses garanties ne varie pas en fonction du risque individuel de l'adhérent. Elle investit 100 % de ses bénéfices au service de tous. Elle donne à ses adhérents le pouvoir de participer à ses décisions. Elle prend soin de ces derniers à chaque moment de leur vie et elle s'engage pour l'accès aux soins de tous. À cet égard, j'ai apprécié la dernière campagne menée par la Mutualité française, qui interpellait justement chacun en ces termes : « Votre mutuelle est-elle une vraie mutuelle ? »

Outre ce contexte de banalisation, l'environnement des mutuelles s'est fortement concentré ces dernières années. Leur nombre a été diminué par trois depuis 2001. Les mutuelles finançant l'assiette de la TSA (taxe de solidarité additionnelle, qui alimente le fonds CMU) sont passées de 512 en 2012 à 374 en 2016. Les mutations culturelles, sociales, économiques et technologiques de ces dernières années ont pu susciter instabilité et doutes au sein du mouvement mutualiste ; elles ont aussi provoqué des mouvements d'adaptation. Les mutuelles écrivent une nouvelle page de leur histoire ; de grands groupes émergent. C'est un moment clé, car ces structures placent les intérêts mutualistes au-dessus de leurs différences : c'est l'abolition de la frontière entre les mutuelles de la fonction publique et celles de l'interprofessionnalité, et entre les mutuelles santé et les « sociétés d'assurance à forme mutuelle », qui devenait avec le temps si artificielle.

Nous démontrons par là que les mutuelles et la Mutualité ne sont pas de belles endormies. Elles sont créatives, se réinventent, sont tournées vers l'avenir. À cet égard, la construction du groupe VYV témoigne de notre capacité à être partie prenante des changements et à exploiter, au-delà des risques, les opportunités qui s'offrent. Il ne s'agit plus de défendre un pré carré, de consolider un acquis, mais d'accomplir de nouvelles conquêtes pour faire bénéficier le plus grand nombre des progrès de la médecine, de contribuer à réduire les inégalités d'accès aux soins, d'être des partenaires solides pour accompagner les entreprises dans la protection de leurs salariés et de leurs dirigeants, de s'inscrire comme acteurs incontournables de la sécurisation des parcours de vie et d'autonomie, etc.

J'ajoute enfin que les représentants élus des adhérents n'ont pas moins de pouvoir dans une grande mutuelle que dans une petite : j'ai même la conviction que la responsabilité des membres du conseil d'administration y est davantage affirmée. Cependant, il existe un véritable changement dans la nature des mandats, qui implique un accompagnement plus exigeant, en particulier en termes de formation et de compréhension des enjeux stratégiques d'une mutuelle ou d'un groupe mutualiste de dimension nationale. J'y vois l'occasion, pour eux, de réaffirmer leur rôle d'éducation populaire en matière de santé et de protection sociale, en impliquant des « gens ordinaires », comme le dit Joseph Deniaud, dans leur fonctionnement et leur organisation : la période que nous vivons conforte le modèle mutualiste, qui vise à favoriser la participation des adhérents. C'est pourquoi je n'ai jamais opposé reconnaissance nationale et proximité territoriale, petites et grandes mutuelles : cela n'a aucun sens. Elles remplissent toutes les mêmes missions :

garantir l'accès aux soins pour tous! La seule différence, c'est l'importance de la communauté des adhérents protégés et des territoires couverts. Ce n'est pas la taille d'une structure qui la rend « mutualistement » exemplaire ou plus vertueuse, mais la qualité du service social rendu. Aussi est-il important de conforter nationalement les acteurs des solidarités actives, dont les mutualistes sont une composante importante, cette addition de communautés d'action produisant du concret sur le mode de la proximité.

On en revient donc à notre idée d'alliance pour et par l'action. Timothée, est-ce vraiment une idée nouvelle?

T. D. : À la fin du XIXe siècle, la Mutualité s'est organisée dans le cadre de ce que Pierre Rosanvallon a nommé un «jacobinisme amendé». Une alliance d'intérêt général s'est alors formée autour du Musée social, initialement créé, en 1895, pour rendre permanente l'exposition d'économie sociale présentée au cours de l'Exposition universelle de 1889. Fondation privée reconnue d'utilité publique, financée par un mécène, le comte Aldebert de Chambrun, et située au carrefour de l'État, de l'industrie, de l'économie sociale et des partis politiques, le Musée social a fédéré toute une galaxie autour de l'élaboration de réformes sociales, à commencer par la Charte de la mutualité, en 1898.

C'est aussi dans ce contexte que Charles Gide a porté à son apogée l'expression «économie sociale» ou que Léon Bourgeois a théorisé le solidarisme[84]. Les élites de la IIIe République ont alors reconnu l'économie sociale pour

84. Député radical, Léon Bourgeois (1851-1925) développe ce courant de pensée en 1896 dans *Solidarité*. Président du premier Conseil de la Société des nations, il reçoit le prix Nobel de la paix en 1920.

tenter de résoudre la question sociale et intégrer la classe ouvrière à la communauté politique. Il y a eu une alliance entre les radicaux (souvent francs-maçons) et les chrétiens sociaux (catholiques et protestants) pour compléter la citoyenneté de droits d'une citoyenneté sociale.

Alors que la question sociale est de retour, ces idées sont de nouveau dans l'air du temps. C'est pourquoi je pense qu'il y a une source d'inspiration à puiser dans cette histoire solidariste pour le présent.

Comment se pose la question de la gouvernance de ce pôle des solidarités actives ? De même que vous avez parlé d'alliance par action, est-ce que ce sera une gouvernance par projet ?

S. J. : Le pôle n'est pas une affaire de gouvernance, de « tuyauterie institutionnelle ». J'ai la faiblesse de penser que, si le sujet de la gouvernance était mis en avant, il tuerait l'idée même de pôle ! Ce dont il s'agit, c'est d'intensifier la coopération entre acteurs qui agissent en faveur des solidarités actives. Dans la période que nous vivons, il est important de renforcer cette confiance partagée et de mettre en lumière la contribution des associations, des coopératives et des mutuelles à l'intérêt général, ainsi que les alliances qu'elles forment au service de projets et d'investissements d'avenir. Bien entendu, chaque initiative fera l'objet d'un pilotage propre par ceux qui la portent.

Ce pôle est donc l'affaire de tous. Il appartient à chacun d'y contribuer ou non. Prenons VYV, que je connais bien ! Voilà un groupe mutualiste qui a diversifié ses activités assurantielles, d'offre de soins et de services, de prévoyance, d'épargne, de retraite, etc. Il pourrait se reposer sur ses acquis en se disant : je suis arrivé à une taille plus qu'acceptable pour considérer l'avenir avec confiance, tout va pour le mieux. Notre responsabilité est tout autre. Parce que nous sommes leaders dans notre secteur, nous devons être davantage ouverts, aller beaucoup plus loin pour constituer ce pôle avec d'autres : des acteurs associatifs qui peuvent nous aider à mailler davantage encore l'offre de proximité, des groupes mutualistes et de protection sociale pour imaginer la santé de demain, des fondations susceptibles de faire du mécénat, des acteurs du logement pour construire l'habitat de demain, et tant d'autres encore.

Donc, pas de superstructure ni de réglementation…

S. J. : Je vais me permettre une comparaison avec Airbus. Si cette aventure industrielle a fonctionné, c'est parce que ce n'était pas un « club de l'aéronautique » mais un regroupement au service d'un projet : construire l'A300. Nous n'avons pas besoin d'un nouveau « club du non-lucratif », mais bien d'une alliance d'acteurs pour bâtir une offre d'accompagnement et de services qui protège les Français tout au long de leur vie et contribue à réduire les inégalités dans le pays. Ce que je souhaite, c'est que, demain, ce pôle des solidarités actives soit reconnu comme une filière d'excellence en matière d'investissement social.

T. D. : C'est tout le sens de la « société en réseaux » dont parlait le sociologue Manuel Castells[85], même si son analyse portait plutôt sur les firmes capitalistes. Elle implique des structurations horizontales et des acteurs en mouvement, dont le rôle est reconfiguré à chaque projet.

85. Manuel Castells, *La Société en réseaux. L'ère de l'information*, Fayard, 2001 (1re éd. 1998).

En fait, ce qui se dessine, c'est un pôle d'animation, de mise en réseau d'acteurs différents autour d'une multiplicité d'initiatives.

Il s'agit, en somme, de passer de 80 000 collaborateurs dans la Mutualité (au sens large) à 2,3 millions dans l'ESS…

S. J. : Oui, il s'agit de faire corps. Les défis de demain nous y invitent, de toute façon. Les stratégies d'investissement social nécessiteront des acteurs forts et soudés, capables de construire ensemble et de contrecarrer la financiarisation de la santé et de la protection sociale à laquelle nous assistons. En effet, des missions historiquement assurées par des acteurs désintéressés sont désormais captées par des structures animées par des logiques de profit. Les conséquences tarifaires de ce processus (des reste-à-charge plus importants) ne peuvent que creuser des inégalités déjà existantes. C'est d'autant plus problématique que les mutualistes, nous l'avons dit, ne sont pas forcément perçus comme différents : on les confond avec des compagnies d'assurances privées. Il faut refaire de la pédagogie sur ce qui distingue les uns des autres. Cela passera par l'exemplarité de l'action et du service apporté. Cependant, l'élément de reconnaissance ne devra pas être : « Je suis une mutuelle, je suis une association, je suis une coopérative », mais : « Je suis un acteur des solidarités actives. »

Timothée Duverger, cette reconstruction que souhaite Stéphane Junique répond-elle selon vous aux différentes mutations de la société ?

T. D. : Oui, et ce pour trois raisons. Premièrement, les règles prudentielles de la directive européenne

Solvabilité II[86] poussent les mutuelles à la concentration : en effet, la crise de 2008 a conduit les autorités à exiger des entreprises du secteur financier qu'elles augmentent le niveau de leurs fonds propres pour prévenir le risque d'une nouvelle crise systémique. Deuxièmement, les directives européennes tendent à assimiler les mutuelles aux compagnies d'assurances, ce qui exacerbe la concurrence. De fait, la part des mutuelles sur le marché des complémentaires santé est en recul depuis plusieurs années, atteignant aujourd'hui un peu plus de 50 %. Troisièmement, une nouvelle demande sociale émerge, liée aux mutations du travail (parcours discontinus, éclatement du salariat…) et aux évolutions démographiques, notamment le vieillissement de la population, qui pèsent sur les dépenses de santé.

Karl Polanyi a analysé le double mouvement d'autonomisation du marché et d'autoprotection de la société. Les mutuelles sont traversées par cette tension : d'un côté, les règles du marché exercent sur elles une pression à la banalisation ; de l'autre, leur dimension politique les engage à contrecarrer cette dynamique. La question se pose dès maintenant pour le groupe VYV : la concentration est-elle le chant du cygne du mutualisme ou la condition de sa renaissance ? Parviendrez-vous à repolitiser la mutualité, à redonner du sens au projet mutualiste, à constituer un contre-pouvoir capable de protéger la population face aux logiques du marché ?

86. Directive 2009/138/CE du Parlement européen et du Conseil du 25 novembre 2009. Effective depuis le 1er janvier 2016, cette réforme réglementaire européenne (dans la lignée de Bâle II pour le secteur bancaire) a pour objectif de mieux adapter les fonds propres des compagnies d'assurances et de réassurance aux risques que celles-ci encourent dans leur activité.

S. J. : Oui, car « refaire mutualité », c'est s'inscrire dans un projet de société, à travers des priorités d'action. C'est d'abord agir en faveur de la réduction du reste-à-charge. Les réseaux de soins mis en place ces dernières années par les mutuelles avec les professionnels de santé y contribuent. Ils ont l'avantage d'offrir des prestations de qualité pour un coût maîtrisé. En moyenne, les prix pratiqués par les opticiens membres d'un réseau mutualiste sont 30 % inférieurs à ceux du marché. Pour les prothèses auditives, la différence peut aller de 10 à 50 %. Mais nous devrons aller plus loin en concrétisant les conventionnements de parcours, qui nous permettront d'accompagner la mise en place des circuits de santé et de prévention. Car « refaire mutualité », c'est aussi contribuer à améliorer l'organisation du système de soins et de santé autour d'un parcours lisible par l'usager et permettant, dans une logique pluridisciplinaire, d'orienter le patient, de prévenir ses pathologies, de le soigner puis de l'accompagner à l'issue de son traitement.

Dès l'origine, la Mutualité a démontré son aptitude à innover en matière sanitaire et sociale grâce à son réseau de militants à l'écoute des besoins des territoires et à ses 2600 services de soins et d'accompagnement. VYV Care, que je préside, est le premier opérateur non lucratif d'offre de soins et de services, rassemblant à ce jour plus de 900 structures et 25000 collaborateurs, œuvrant dans 17 métiers des secteurs médico-social, sanitaire et des biens médicaux. L'atout de ces réalisations mutualistes, c'est qu'elles apportent une offre complète dans le cadre des pathologies chroniques, en particulier en ce qui concerne la dépendance. Une personne dépendante, en effet, a besoin de prévention, d'aide à domicile, de soins, parfois d'une hospitalisation à domicile ou en établissement. Or, les mutuelles sont aujourd'hui les seuls acteurs maîtrisant la totalité de cette chaîne de services. C'est l'enjeu majeur de la Mutualité : non pas être un assureur complémentaire comme les autres, mais être un assureur complémentaire qui a un second métier : celui d'apporter des services que les compagnies d'assurances ne proposent pas.

« Refaire mutualité », c'est également redéfinir le pilotage des politiques de santé et l'articulation entre l'Assurance maladie obligatoire (AMO) et les complémentaires, pour une responsabilisation concertée de chacun des partenaires. Nous ne pouvons plus agir séparément sur l'organisation du système, d'un côté, et le financement, de l'autre. C'est de manière systémique que les questions doivent être posées. La place prise par les mutuelles rend essentielle la mise en œuvre d'un véritable partenariat entre l'AMO, les complémentaires et les bénéficiaires des services de santé. Plutôt que d'opposer vainement la Sécurité sociale et les mutuelles, il s'agit de coordonner les interventions des uns et des autres. Notre action s'inscrit dans le prolongement de la solidarité nationale. C'est pourquoi nous voulons jouer à l'avenir un rôle plus actif encore dans la gestion du risque ainsi que dans l'organisation de l'offre de soins et des parcours des patients.

Enfin, « refaire mutualité », c'est refaire de la santé un enjeu de citoyenneté en favorisant le débat public et l'engagement à travers des actions de proximité articulées autour d'une vision neuve des questions de santé. Nous voulons apporter la preuve de la capacité des patients, des professionnels de santé, des partenaires sociaux, des associations et des mutuelles à construire ensemble des réponses en faveur de la transformation du système de santé.

Cela inclut-il une notion de responsabilisation, par opposition à ceux qui parlent d'assistance ? Je sais que la notion fait débat…

S. J. : Je suis attaché à l'éthique de responsabilité, qui est au cœur de l'engagement mutualiste.

T. D. : Quand il y a 9 millions de pauvres en France, on peut difficilement les renvoyer à leur responsabilité individuelle…

S. J. : Je ne fais pas mienne l'idée que chacun doit recevoir ce qu'il mérite ou qu'il doit payer selon son comportement. Une telle conception revient à ignorer que la santé est d'abord la résultante d'un ensemble de déterminants sur lesquels l'individu n'a que peu de prise. Les inégalités de santé recoupent les différences de position dans l'échelle des professions, des revenus et des savoirs. Il ne s'agit donc pas de faire reposer la solidarité sur les malades. C'est de la responsabilité du citoyen qu'il s'agit, et non de celle du patient : celle du citoyen acteur de sa santé et de la santé collective.

En résumé, « refaire mutualité » implique nécessairement de changer d'échelle. Cela peut inquiéter, non ?

T. D. : Quand on évoque un changement d'échelle, on pense nécessairement à une transformation quantitative : le changement d'échelle toucherait aux ordres de grandeur. On n'imagine pas qu'il puisse s'agir aussi d'un changement de nature, d'une transformation qualitative. C'est pourquoi le changement d'échelle suscite souvent des craintes sur les territoires. Les petites structures de l'économie sociale et solidaire – qui sont à taille humaine et inscrites dans un réseau de proximité et d'engagements réciproques – y voient un risque de perdre leur âme. En outre, dans un environnement qui émet des signaux favorables au *« big is beautiful »*, elles ont peur de disparaître. Elles pourraient en effet sortir des radars des politiques publiques.

Auparavant, le financement de l'ESS était conçu comme une interaction du pouvoir central et de la proximité. Par exemple, le réseau associatif France active – créé en 1988 pour accompagner et financer les projets des chômeurs créateurs d'entreprise et des entrepreneurs solidaires – s'appuie sur une quarantaine de Fonds territoriaux composés de salariés et de bénévoles, ce qui a permis, en 2016, de créer ou de sauvegarder environ 35 000 emplois et de mobiliser près de 270 millions d'euros au profit de plus de 7 000 entreprises.

Aujourd'hui, les nouveaux outils financiers sont bien plus centralisés et pensés pour se rapprocher du droit commun. La création du fonds NovESS, en 2016, traduit cette évolution. Doté de 100 millions d'euros pour intervenir en fonds propres et quasi-fonds propres, il fait concourir les financeurs traditionnels de l'ESS, comme la Caisse des dépôts ou le Crédit coopératif, mais aussi des nouveaux venus comme la banque BNP Paribas, qui s'est positionnée sur le créneau de l'entrepreneuriat social depuis quelques années dans le cadre de sa stratégie de RSE (ce qui ne l'a pas empêchée, au demeurant, d'être récemment visée par des militants altermondialistes dénonçant son implantation dans les paradis fiscaux).

NovESS vise à financer, d'une part, le changement d'échelle des entreprises de l'ESS en consentant des investissements allant de 1 à 5 millions d'euros et, d'autre part, des projets socialement innovants ou en phase d'accélération à hauteur de 100 000 à 500 000 euros. Il s'accompagne de la création d'un instrument de « mesure et suivi de l'impact social » (Mesis), appliqué aux performances financières mais aussi extra-financières. Outre les indicateurs adaptés aux secteurs d'activité concernés, cet outil prévoit des indicateurs transversaux pour harmoniser l'évaluation. Ces derniers portent sur l'emploi, les bénéficiaires, les produits et services, et les externalités positives (les impacts positifs sur la santé, par exemple). Entre septembre 2017 et janvier 2018, quatre entreprises sociales ont été soutenues : le fournisseur d'électricité renouvelable Enercoop, le réseau de manufactures collaboratives et solidaires MakeICI, l'entreprise de valorisation des biodéchets Moulinot et l'entreprise de financement et de gestion d'espaces de travail partagés pour les entreprises sociales Etic Foncièrement responsable.

Quoi qu'il en soit, les appels au changement d'échelle et les hybridations entre l'économie capitaliste et l'ESS alimentent la méfiance des acteurs ancrés dans les territoires. Dans ces conditions, le lancement en janvier 2018 de l'appel à projets « French Impact » par le Haut-Commissaire à l'économie sociale et solidaire et à l'innovation sociale – dont la terminologie même fait écho à la « French Tech » et donne l'impression d'un alignement sur les standards des start-up – n'est pas de nature à rassurer. À travers ces orientations d'inspiration libérale, l'État donne l'impression de chercher à transformer les acteurs de l'ESS en mettant l'accent sur leur dimension entrepreneuriale au détriment de leur dimension politique, celle qui en fait des groupes de personnes participant du mouvement social.

Le chemin inverse existe également. Le gouvernement a lancé en janvier 2018 une mission « Entreprises et bien commun», confiée à Nicole Notat et Jean-Dominique Senard, qui a proposé des pistes de réforme du code civil, en particulier des articles 1832 et 1833 sur l'objet social, qui postulent que l'entreprise vise à rechercher des bénéfices dans «l'intérêt commun des associés». Dans une perspective de RSE (aujourd'hui peu contraignante), il s'agirait d'étendre l'objet social de l'entreprise pour y introduire les parties prenantes à la gouvernance, ainsi qu'une attention à des buts sociaux ou environnementaux, pour constituer des «entreprises à mission» sans créer un nouveau statut juridique.

Cela me rappelle une citation de Milton Friedman, le prophète de l'ultralibéralisme, dans son best-seller *Capitalisme et Liberté*, publié en 1962: «L'opinion est de plus en plus répandue que les dirigeants des entreprises ont une responsabilité "sociétale" qui va au-delà du souci de servir les intérêts de leurs actionnaires. Cette idée recèle un malentendu fondamental quant au caractère et à la nature d'une économie libre. Dans une telle économie, le business n'a qu'une responsabilité sociale: utiliser ses ressources et s'engager dans des activités destinées à accroître ses profits, et cela aussi longtemps qu'il pratique une concurrence ouverte et libre sans tromperie ni fraude.» Si j'en juge par les cris d'orfraie du Medef à l'idée que le code civil soit réformé, ce constat formulé il y a plus de cinquante ans reste d'actualité. La réforme sera cosmétique.

En tout cas, l'économie sociale et solidaire a un temps d'avance, y compris sur le plan de l'innovation juridique. Deux lois ont traité de ces sujets dès 2001. La première, sur l'épargne salariale, a créé l'agrément «entreprise solidaire» (rénové par la loi ESS de 2014, qui a défini la notion d'utilité sociale). La seconde a créé le statut de

Scic, qui reconnaît la qualité d'associés à plusieurs parties prenantes : les salariés, les usagers, les bénévoles, les collectivités territoriales et toute autre personne physique ou morale concourant au projet.

Ces acteurs ont « un temps d'avance », certes, mais les craintes face au changement d'échelle sont bien là. Comment y répondre ?

T. D. : Ce mouvement en faveur de la RSE et de l'hybridation entre des logiques d'action participe, il est vrai, d'une forme de dilution. Et le risque, pour l'ESS, est de ne plus se différencier – sauf à la marge – de ses concurrents lucratifs. Si le projet gouvernemental aboutissait, qu'est-ce qui empêcherait des entreprises d'assurances engagées dans la RSE – Axa, par exemple – de réclamer une forme de labellisation qui rendrait confuse dans l'esprit des consommateurs la différence avec les mutuelles ?

Avec votre projet de pôle des solidarités actives, à rebours de ces tentations libérales, Stéphane, vous semblez vouloir réinscrire l'ESS dans un projet politique. Sans naïveté sur l'indispensable viabilité économique de vos organisations, qui sont insérées dans le marché et soumises à la concurrence des assurances. Mais sans rien céder de votre ambition sociale ni des valeurs de solidarité consubstantielles au fait mutualiste. La question de la citoyenneté est centrale dans votre discours, vous entendez faire participer la Mutualité à la construction d'une société démocratique, selon les deux acceptions qu'en donnait Alexis de Tocqueville : la démocratie comme régime politique (le principe de gouvernance démocratique) et comme égalité des conditions (à travers notamment le principe de la tarification solidaire).

Cependant, une question me taraude. Un projet de société tel que le vôtre est nécessairement soumis à la constitution d'un sujet politique. Le compromis keynésien d'après-guerre n'a été possible, au-delà des circonstances exceptionnelles du conflit mondial, que parce que le rapport de force était favorable. En France comme en Grande-Bretagne, la gauche a atteint des sommets électoraux historiques en 1945. La création de la Sécurité sociale comme la mise en œuvre du rapport Beveridge[87] ont été rendues possibles par des forces sociales et politiques. Aussi, je vous interroge : sur quel sujet de l'histoire vous appuyez-vous ? Dans une société d'individus où la lutte des places tend à remplacer la lutte des classes, sur quels fondements rassemblerez-vous les initiatives éparses ? D'un côté, le macronisme, qui n'est qu'un libéralisme, accroît ces forces centrifuges, même s'il tente d'unir la nation autour d'une figure bonapartiste. De l'autre, les Insoumis de Jean-Luc Mélenchon conservent une approche étatiste, faite d'hostilité à l'égard des mutuelles. Prise entre ces deux feux, comment votre stratégie peut-elle tenir ?

S. J. : Quand une mutuelle comme Harmonie protège 4,5 millions de personnes, elle incarne la diversité des Français. C'est une « mini-France ». Son rôle n'est donc pas d'alimenter les clivages qui peuvent fracturer notre pays, mais de permettre à ses adhérents de vivre mieux. Pour ma part, je refuse de me laisser enfermer dans des mises en scène politiques stériles, qui ne font pas avancer la

87. Le Rapport sur l'assurance sociale et les services connexes a été publié en novembre 1942. Rédigé sous la direction de l'économiste libéral William Beveridge, il eut une influence déterminante sur la mise en place de l'État-providence au Royaume-Uni après la Seconde Guerre mondiale.

recherche de solutions. Je préfère m'appuyer sur les enjeux concrets qui concernent tous les Français. Par exemple, nous devons dépasser l'impossible débat sur la bonne articulation entre Assurance maladie et mutuelles, qui illustre l'absence de maturité des responsables publics sur les questions de santé et de protection sociale. L'intervention de la Sécurité sociale est très insuffisante dans la prise en charge des soins courants – à peine 50 % –, voire quasi nulle dans certains domaines, comme l'optique.

Face à cette réalité, il existe deux types de réaction, toutes deux caricaturales. D'un côté, les tenants d'une logique de libéralisation totale, du laisser-faire, de la concurrence sans limites, qui, en même temps, font tout pour conserver leur rente. De l'autre, les tenants d'une Sécurité sociale qui devrait tout rembourser, alors que cela n'a jamais été le cas, même à sa création en 1945. Il ne serait d'ailleurs pas acceptable que l'Assurance maladie prenne en charge toutes les dépenses de soins, sans limites – sans s'interroger, notamment, sur la pertinence des actes.

La stratégie des mutualistes est claire et constante : ils sont opposés à tout désengagement de la Sécurité sociale, mais constatent que celle-ci ne suffit pas pour accéder aux soins, moins encore aujourd'hui qu'hier. Sans mutuelle, nous l'avons déjà souligné, le renoncement aux soins est deux fois plus important. C'est la raison pour laquelle je ne m'inscris pas dans une stratégie défensive. Les mutualistes n'entonnent pas leur « chant du cygne ». Je considère au contraire que notre société a besoin de s'appuyer sur des mutualistes forts et un secteur du non-lucratif solide.

Dans un moment où l'on n'a jamais autant parlé de « l'objet social » des entreprises, nos mutuelles, qui ont une mission naturelle de solidarité et de responsabilité sociale, doivent le revendiquer haut et fort. C'est d'autant plus nécessaire qu'il faut convaincre, lutter contre la banalisation des mutuelles et la volonté de certains d'ignorer l'originalité de notre action. Une anecdote en dit beaucoup à ce propos. Lors d'un échange avec un acteur gouvernemental, celui-ci m'a dit en substance : « Nous sommes tous les deux dans un bureau, vous pouvez bien me le dire. Tout ce que vous faites autour de la prévention, c'est du marketing… » Du marketing, les 7 millions d'euros investis pour l'action sociale et la prévention au profit des adhérents d'Harmonie Mutuelle ? Du marketing, le temps consacré par nos bénévoles pour faire vivre chaque année nos 3 000 actions de proximité sur l'ensemble du territoire ? Du marketing, les 25 millions consacrés aux outils numériques qui facilitent la vie des adhérents ? Cette saynète montre bien que nous ne devons pas seulement affirmer notre utilité, mais la démontrer !

T. D. : Et, pour démontrer votre utilité, des alliances sont en effet indispensables, à l'heure où, par exemple, des négociations sont conduites entre l'État, les mutuelles et les opticiens pour parvenir à un « reste-à-charge zéro » sur les soins optiques, au risque d'une augmentation des tarifs des mutuelles. De ce point de vue, le cas du logement social est lui aussi exemplaire. Le mouvement HLM subit actuellement de plein fouet les réductions du ministère des Finances. Dans son dernier budget, l'État a diminué tant les aides à la pierre que celles à la personne. Il va notamment réaliser 1,5 milliard d'euros d'économies sur l'aide personnalisée au logement (APL). À la première baisse de 5 euros des APL pour tous s'est ajoutée une diminution de 50 à 60 euros en moyenne par foyer pour les seuls locataires de logements sociaux. Cette réduction est répercutée exclusivement sur les fonds propres des bailleurs sociaux, ce qui déstabilise leur modèle économique au détriment des investissements pour entretenir et développer leur parc.

Ainsi, le modèle universaliste du logement social français, attentif à la mixité sociale, est remis en cause au profit d'une protection sociale résiduelle, ciblée sur les plus pauvres. Ce qui s'est passé dans ce domaine pourrait aussi bien vous arriver. J'aime à rappeler que, dans son rapport de 1900, Charles Gide intégrait le logement social dans le périmètre de l'économie sociale : vos deux mouvements sont cousins. Jules Siegfried, auteur de la loi de 1894 sur les habitats à bon marché, était aussi l'un des principaux animateurs du Musée social, à l'origine de la Charte de la mutualité. Je doute que le macronisme soit plus « bienveillant » avec vous qu'avec le logement social.

Au-delà des alliances, je souhaite revenir sur la question stratégique. J'évoquais à dessein le mouvement des Insoumis. Inspiré d'un mouvement comme Podemos en Espagne, qui lui-même peut être considéré comme une acclimatation du socialisme latino-américain, il a pour référentiel principal l'ouvrage d'Ernesto Laclau et Chantal Mouffe *Hégémonie et stratégie socialiste*[88], paru au milieu des années 1980. L'idée consiste à reformuler la lutte des classes en entérinant la fin du prolétariat. La stratégie hégémonique des deux philosophes, d'origine gramscienne, postule, d'une part, que la conflictualité est l'essence même de la démocratie et, d'autre part, que le combat culturel est préalable au combat

88. Ernesto Laclau et Chantal Mouffe, *Hégémonie et stratégie socialiste. Vers une politique démocratique radicale*, Les Solitaires intempestifs, 2009 (éd. orig. 1985).

politique. Le conflit oppose donc le peuple (notion floue et figure introuvable, dirait Pierre Rosanvallon) aux élites.

L'économie sociale et solidaire pourrait élaborer une théorie politique et opposer, quant à elle, les catégories de citoyens et de consommateurs. Elle a déjà ses mots : excédents plutôt que bénéfices, intérêts plutôt que dividendes, etc. Après tout, n'est-ce pas ce que propose le pôle des solidarités actives ? Les mutuelles n'ont-elles pas pour adversaires les assurances ? Si la « double qualité » est bien ce qui fonde la spécificité des organisations de l'ESS, alors la question démocratique est déterminante. La mise en réseau et les dynamiques de solidarité doivent être arrimées à la croyance dans un progrès dont les agents sont les citoyens engagés dans l'ESS. C'est un récit mobilisateur qu'il faut écrire, un discours fédérateur et offensif.

S. J. : Notre ligne – lutter contre la marchandisation de la santé et la financiarisation de la protection sociale – n'est pas nouvelle, mais, compte tenu des évolutions de la société, son acuité se renforce. Ces deux lignes de front légitiment la constitution du pôle des solidarités actives. Notre démarche n'est pas de mettre en scène des postures d'opposition, mais de donner naissance à des solutions nouvelles en bonne intelligence avec l'État. Celles-ci devront s'appliquer à de nouveaux domaines, comme la prise en charge collective des risques climatiques et environnementaux, dont Éloi Laurent, notamment, a montré toute la nécessité[89].

89. Voir notamment Éloi Laurent, *Notre bonne fortune. Repenser la prospérité*, PUF, 2017 ; et Éloi Laurent et Philippe Pochet, *Pour une transition sociale-écologique. Quelle solidarité face aux défis environnementaux ?*, Les petits matins/Institut Veblen, 2015.

Cette articulation des structures de l'économie sociale et solidaire avec l'État apparaît indispensable dans une société qui doit affronter des défis aussi importants que la perte d'autonomie ou encore l'explosion des maladies chroniques, qui concernent actuellement quelque 20 millions de personnes en France[90]. Sur ces questions, la société et les acteurs des solidarités actives bougent plus vite que l'État ; ils innovent, développent de nouveaux services, produisent du « care » en dehors des institutions. Ensemble, nous avons un rôle à jouer en amont pour prévenir, éviter ou retarder la survenue de ces pathologies, ou limiter leurs complications. Comment ? En agissant dès la petite enfance sur l'éducation, en améliorant la prévention au travail, en investissant dans des logements décents et sains, en développant des alternatives aux perturbateurs endocriniens, en renforçant l'accompagnement social des personnes, etc. Pas plus l'État que les acteurs privés ne seraient capables de s'en charger seuls.

On voit clairement que le projet de pôle des solidarités actives porte en lui-même une dynamique de transformation très concrète, qui concerne toute la société française…

S. J. : Le pôle des solidarités activités est une brique parmi d'autres, mais une brique indispensable dans une construction plus vaste qui vise à soutenir les citoyens dans la conquête de solidarités concrètes. Nous souhaitons unir nos forces et associer nos différents métiers pour être en capacité de garantir à chacun le droit à une protection sociale qui soit à la hauteur des enjeux actuels, et contribuer ainsi à l'intérêt général.

90. « Présentation de la cartographie médicalisée des dépenses de santé », Cnam, 2017.

Notre périmètre d'action va bien au-delà des seules questions de santé. Il porte plus largement sur les enjeux du mieux-vivre. C'est ce qui explique qu'Harmonie Mutuelle ait une activité portant sur le logement et l'habitat, avec Harmonie Habitat, qui gère près de 8 000 logements sociaux dans la métropole nantaise et en Loire-Atlantique. C'est là un sujet d'avenir pour les mutualistes, car il y a un lien évident entre la santé et le logement : avoir un toit digne de ce nom est une condition d'accès à la santé et au bien-être. Ainsi, investir dans un logement de qualité pour tous, c'est investir dans la santé pour tous. Le logement social est l'un des piliers du système français de protection et de solidarité ; c'est un amortisseur de précarité. Il est donc cohérent, pour des mutualistes, d'investir dans ce secteur.

L'habitat sous toutes ses formes représente également une préoccupation quotidienne pour nos adhérents et leurs familles. Chacun, au gré des évolutions de sa vie, doit un jour changer de logement, avec parfois des conditions d'accès difficile. Si nos grands-parents passaient souvent toute leur existence dans la même maison, nos petits-enfants connaîtront en moyenne une dizaine de points de chute différents ! Accompagner ces changements constitue un service d'intérêt général dans les périodes de rupture, pour favoriser l'émancipation des enfants ou veiller à la prise en charge des aînés lorsque la perte d'autonomie nécessite un logement adapté.

Prenons l'exemple de l'habitat dit « inclusif », pour les personnes handicapées ou âgées dépendantes. À côté des établissements médico-sociaux apparaissent des logements (avec des loyers classiques versés à des bailleurs de droit commun) aménagés de manière spécifique, avec une organisation collective et des services payés par la mise en commun de prestations individuelles. C'est une belle illustration de ces nouvelles formes de solidarité capables d'accompagner, par des droits individuels, le développement de nouvelles associations de vie.

Je crois profondément que l'on juge une société au cadre de vie qu'elle se donne. C'est pourquoi une nouvelle alliance entre mutualistes et opérateurs de logement social est prometteuse. Puisque nous partageons les mêmes valeurs de solidarité et le sens du temps long, l'union de nos différents métiers permettrait de créer de véritables complémentarités pour que le cadre de vie de nos quartiers et le visage de nos villes se transforment.

Je me sens d'autant plus proche des acteurs du logement social qu'ils subissent de la part de l'État les mêmes avanies que les mutuelles. On les accuse d'être assis sur un tas d'or, on leur impose des changements de règles sans concertation qui fragilisent leur modèle économique, etc. Les pouvoirs publics semblent nous considérer comme des empêcheurs de tourner en rond, des acteurs trop puissants dans leur domaine, qui limitent la toute-puissance d'un État qui a l'impression de ne plus avoir la main pour nous «piloter». Nous entraver ainsi est une profonde erreur. En nous privant de la liberté d'action consubstantielle à notre statut, l'État bride notre capacité d'innovation et d'intervention, alors même que notre agilité nous permet d'être réactifs et de mettre en place rapidement de bons dispositifs. Il fragilise des acteurs qui savent faire ce dont lui-même est désormais, et depuis longtemps, incapable. À persévérer dans cette voie, c'est le pays et tous les citoyens qui en seront les victimes.

En dépit de ces entraves, le non-lucratif va-t-il continuer de se développer, selon vous, Timothée Duverger? Et sous quelles formes? En quoi ce pôle des solidarités actives va-t-il y contribuer?

T. D. : Je suis historien, pas cartomancien! On a souvent la tentation de demander aux historiens ce qui adviendra demain. Mais la ligne du temps est faite de bifurcations. On ne peut déduire l'avenir à partir du passé. C'est aux acteurs de faire l'histoire…

Si j'étais provocateur, je vous répondrais en citant les travaux de Matthieu Hély, qui montrent qu'il y a un jeu de vases communicants entre le volume des emplois publics et celui des emplois associatifs. En résumé, les premiers diminuent, tandis que les seconds augmentent, ce qui se traduit par une dégradation de l'emploi, les statuts étant moins protecteurs dans le monde associatif. Le développement de l'économie sociale et solidaire n'est donc pas une fin en soi! Si l'on plaide en faveur d'une démarchandisation, mieux vaut prendre des parts de marché aux assurances qu'à l'État. Or, la tendance est au recul des mutuelles sur le marché des complémentaires santé.

Ainsi, plutôt que de m'exercer aux arts divinatoires, je préfère vous dire en quoi le pôle des solidarités actives peut contribuer au développement de l'économie sociale et solidaire. En situation d'interface entre les organisations de l'ESS et l'État, il peut être le creuset d'une alliance d'intérêt général pour réguler la société de marché.

Je reprends l'exemple de Stéphane sur les maladies chroniques : développer la prévention permettrait non seulement de faire progresser le bien-être de la société, mais aussi d'éviter des coûts au système de protection sociale. Une stratégie d'investissement social voudrait donc que l'État et les acteurs de la santé travaillent ensemble à un plan d'actions. Il y aurait là un axe de développement pour les mutuelles et d'économies pour l'État, et, *in fine*, un bénéfice pour le citoyen, qui verrait sa santé s'améliorer et ses dépenses baisser. La question du développement de l'ESS est donc secondaire : le but n'est pas de gagner des parts de marché, mais de répondre à des besoins sociaux et de renforcer la citoyenneté.

Chapitre 4
UN PROJET DE DIMENSION EUROPÉENNE

L'Europe sociale existe-t-elle encore ?

T. D. : L'Europe sociale n'aura pas lieu ! Ce n'est pas moi qui le dis : c'est le titre d'un ouvrage polémique paru il y a quelques années[91]. La thèse des auteurs est simple : à rebours du récit mythique sur les pères fondateurs, les impasses actuelles de l'Europe sociale ne sont pas un accident. Pour eux, la matrice même de la construction européenne bloque tout projet d'Europe sociale. D'emblée, cette édification repose sur le marché. Après-guerre, la Communauté européenne du charbon et de l'acier (Ceca), créée en 1951 par le traité de Paris, vise à organiser la concurrence entre les pays autour de ces deux ressources. Puis le traité de Rome, en 1957, fonde un marché commun. Par la suite, à chaque étape, les demandes répétées de la France en faveur d'une Europe sociale – avec Pierre Mendès France, Jacques Delors puis Lionel Jospin – achoppent sur le refus allemand. L'Acte unique européen, en 1986, puis le traité de Maastricht, en 1992, achèvent la mise en place d'un marché unique, avec bientôt une monnaie unique. Des règles sont instaurées pour limiter chaque année les déficits publics à 3 % du PIB ou la dette à 60 %, pour contenir l'inflation.

Mais ce marché unique est réalisé sans harmonisation préalable des structures sociales ou fiscales, ce qui crée

91. François Denord et Antoine Schwartz, *L'Europe sociale n'aura pas lieu*, Raisons d'agir, 2009.

d'inévitables phénomènes de dumping. La concurrence ne s'applique plus seulement aux entreprises, mais aussi aux États et aux règles que ceux-ci édictent. On l'a vu en 2017 lors du débat engagé par Emmanuel Macron avec la Pologne sur la question sensible des travailleurs détachés, ou au moment de l'affaire des «Paradise Papers», qui a mis en lumière le fait que l'Europe est mitée de paradis fiscaux.

L'UE conduit par ailleurs depuis dix ans une politique d'austérité en dépit du bon sens. Comme toute crise financière, celle des subprimes de 2008 a abouti à la socialisation des pertes, dont la crise des finances publiques de 2010 est l'héritière. Les prix Nobel américains Joseph Stiglitz et Paul Krugman n'ont eu de cesse de dénoncer l'absurdité d'une Europe qui contraint les États à mener des politiques de désendettement plutôt que des politiques pour l'emploi. Si la Grèce est restée dans l'UE, le Brexit ou le séparatisme catalan, d'un côté, et la montée des nationalismes en Europe (et notamment en France), de l'autre, doivent nous alerter sur le risque de désintégration de l'Union.

C'est un tableau plutôt... carré ! Stéphane Junique, pensez-vous également qu'il n'y a pas d'Europe sociale ?

S. J. : La construction d'une «Europe sociale» n'était pas une priorité en soi au début du projet européen. Les pères fondateurs estimaient que le progrès social serait le fruit du progrès économique engendré par la création du marché commun. Toutefois, je trouve Timothée sévère quand il dit que l'Europe sociale n'existe pas. La cohésion et le progrès social font bien partie des objectifs de l'Union européenne. À cette fin – et bien que les politiques sociales et de santé relèvent pour l'essentiel du ressort national –, l'UE a développé, au fil de l'intégration, un ensemble d'instruments qui nous permettent de parler aujourd'hui d'une Europe sociale. Ils constituent un « acquis social » qui, pendant des décennies, a soutenu un processus de convergence entre les États-membres et a été fondamental pour la poursuite simultanée du développement économique, d'une part, et du progrès social et de la cohésion, d'autre part. N'oublions pas que la plus grande politique sociale de l'Union, c'est la convergence entre les territoires, à travers la politique régionale et les fonds de cohésion, qui contribuent à mailler les territoires d'infrastructures et de services.

En outre, le traité de Rome prévoit un pouvoir législatif pour la communauté européenne dans certains domaines considérés comme nécessaires pour permettre la libre circulation des travailleurs ou éviter les distorsions de concurrence, et cette prérogative inclut la coordination des systèmes de sécurité sociale et d'assurance chômage ainsi que la lutte contre les discriminations. C'est à ce moment-là que le Fonds social européen (FSE) est créé pour accompagner les reconversions industrielles. Aujourd'hui, le FSE (80 milliards d'euros sur la période 2014-2020, dont 6 milliards alloués à la France) pèse un peu moins de 10 % du budget annuel européen (150 milliards d'euros) : ça n'est pas rien ! En 1961, la Charte sociale européenne garantit les droits sociaux et économiques fondamentaux. Dans les années 1980, nous avons pu neutraliser certains effets de la mise en place du marché unique. Ainsi, en 1986, l'Acte unique européen introduit le vote à la majorité qualifiée du Conseil des ministres dans certains domaines, notamment la sécurité au travail ; et le dialogue social européen[92] est là

92. Procédure particulière apparue en 1985 qui permet aux partenaires sociaux européens d'élaborer des textes qui seront par la suite soumis à validation lors du processus législatif ordinaire.

pour intégrer les partenaires sociaux dans le processus du marché unique.

Cette dynamique se poursuit par l'adoption en 1989 de la charte communautaire des droits sociaux fondamentaux des travailleurs, qui définit les grands principes sur lesquels se fonde le droit européen du travail. Ensuite, le traité de Maastricht – devenu, il est vrai, un élément « totem » pour les opposants à l'Europe – précise l'objectif global de l'Union, qui est d'œuvrer à un développement durable fondé sur une croissance économique équilibrée, la stabilité des prix, une « économie sociale de marché » hautement compétitive tendant vers le plein-emploi et le progrès social, ainsi qu'un niveau élevé de protection et d'amélioration de la qualité de l'environnement. De ce point de vue, l'UE promeut la cohésion économique, sociale et territoriale, ainsi que la solidarité entre les États-membres. Avec l'adoption du protocole social de Maastricht, inclus en 1997 dans le traité d'Amsterdam, qui étend la possibilité du vote à la majorité qualifiée pour les normes sociales dans les domaines relatifs à l'égalité entre les femmes et les hommes, à l'information et à la consultation des travailleurs, à leur santé et à leur sécurité, ainsi qu'à l'intégration des personnes exclues du marché du travail, nous voyons bien que tous ces acquis se consolident au fil de l'histoire de l'Europe.

La Charte des droits fondamentaux, adoptée en décembre 2000, consigne les droits civiques et sociaux des citoyens européens. Le traité de Lisbonne, en 2007, lui donne valeur juridique contraignante et introduit, dans son article 9, une clause sociale qui impose de tenir compte, dans la définition des politiques de l'Union, des exigences liées à la promotion d'un taux d'emploi élevé, à la garantie d'une protection sociale adéquate, à la lutte contre l'exclusion sociale ainsi qu'à un haut niveau d'éducation, de formation et de protection de la santé humaine.

Plus récemment, l'adoption, fin 2017, du Socle européen des droits sociaux sur la base de vingt principes clés me conforte dans l'idée qu'il existe bel et bien un acquis communautaire en matière sociale.

Malgré cela, perdure l'idée que cette Europe n'est pas une Europe sociale. Comment l'expliquez-vous?

S. J.: J'y vois deux raisons. Tout d'abord, la question de l'effectivité des droits sociaux formellement reconnus dans l'Union européenne n'a pas été prise en compte, alors qu'elle constitue un enjeu essentiel: l'affirmation de l'existence de droits peut être dramatique si leur application n'est pas assurée. C'est d'ailleurs l'un des motifs de la défiance des citoyens à l'égard de l'Europe. C'est pourquoi, dans le cadre de l'avis du Comité économique et social européen (Cese) sur «la construction d'une Europe dotée d'un socle des droits sociaux», la réduction du non-recours aux droits a été retenue comme un des axes forts de ce programme. Comme le souligne Étienne Caniard, qui a présidé la Fédération nationale de la Mutualité française de 2010 à 2016, «il est plus ambitieux de s'assurer de l'effectivité des droits existants et de les compléter que de produire un catalogue volumineux qui resterait un ensemble de vœux pieux[93]».

La seconde raison a été soulignée par Timothée. Si l'Europe a su se construire sur le plan économique et institutionnel, elle n'a pas fourni les mêmes efforts pour structurer des politiques sociales solides, à la hauteur des attentes

93. Étienne Caniard, «Le socle européen des droits sociaux doit être le projet des citoyens de l'Europe», Espace social européen, 20 mars 2017.

des populations et des ambitions du projet européen. Les progrès dans ce sens sont lents, car ils requièrent une confiance mutuelle entre les membres de l'UE et la volonté d'avancer dans le partage des risques. Étant moi-même président d'une union d'organismes mutualistes, je sais que la construction d'un projet commun et le partage d'outils ou de compétences sont un exercice lourd, un effort de chaque instant pour convaincre, mobiliser et réussir. Il en va de même pour l'Europe sociale : l'acquis social de l'UE continuera probablement à progresser plus lentement que ne l'exigent les circonstances si les acteurs de la société civile ne font pas pression pour inciter les États à agir au niveau européen.

Ainsi, il est capital de redonner une ambition plus citoyenne à ce projet. Et notamment de faire du progrès social et de la prospérité partagée des objectifs prioritaires des politiques européennes, car, si celles-ci n'ont pour effet que de compromettre la cohésion et de sacrifier des normes sociales, alors le projet européen n'a aucune chance de recueillir le soutien des citoyens. Vous l'aurez compris : alors que le projet européen est aujourd'hui fragilisé, je reste convaincu que le besoin d'Europe n'a jamais été aussi fort. C'est le message que doivent porter les acteurs des solidarités actives.

T. D. : J'insiste sur le fait qu'il existe un problème de gouvernance au niveau européen. Pour s'en convaincre, il suffit d'observer que la politique monétaire est conduite par la Banque centrale européenne (BCE), dont les décisions sont indépendantes du politique. Quand les traités posent comme objectif la stabilité des prix, on se prive de fait de toute possibilité d'une politique de relance.

Je précise par ailleurs que je ne suis pas europhobe : pour tout dire, je pense que la France n'investit pas assez l'arène européenne. À chaque élection parlementaire européenne, nos forces politiques pratiquent le recyclage soit d'apparatchiks, soit de personnalités en fin de carrière. C'est aussi cela que nous payons aujourd'hui.

Le problème est que la question est toujours abordée de façon binaire : il faudrait être soit soumis, soit insoumis. Or, la politique est d'abord l'art du compromis. La France est l'un des membres fondateurs de l'UE, elle a une démographie dynamique, un poids économique certain, une forte capacité d'intervention diplomatique et militaire : les ressources sont bien là, reste à concevoir et à mettre en œuvre une stratégie. Je ne partage certes pas la vision libérale d'Emmanuel Macron, mais force est de constater qu'il a compris cet enjeu.

Pour peser, il faut aussi assumer des rapports de force, préalables à tout compromis. Les droits – indispensables ! – ne se substitueront jamais à la politique. Le courant socialiste a longtemps critiqué le caractère abstrait des droits de l'homme et du citoyen, dénonçant une hypocrisie bourgeoise. Si leur respect est essentiel et témoigne d'une attitude réformiste qui adhère au libéralisme politique, il faut aller plus loin et les prendre vraiment au sérieux. La liberté et l'égalité ne sont pas des concepts creux ; il ne suffit pas de les inscrire au fronton de nos édifices républicains, il faut les incarner. Sans égalité des possibles, il n'y a pas de liberté ; il n'y a que des destins sociaux qui s'imposent aux individus. La problématique est la même au niveau européen. Nous en sommes au stade de l'Europe libérale des droits, qui est très normative, produit de nombreuses règles, mais manque d'une «gouvernementalité[94]» et d'un projet politique capable d'emporter l'adhésion des peuples.

Prenons l'exemple de la taxe sur les transactions financières (TTF): quel échec! L'idée, formulée pour la première fois en 1972 par l'économiste James Tobin, est portée depuis vingt ans par le mouvement altermondialiste. La France l'a finalement adoptée en 2012 pour faire contribuer le secteur financier au redressement des comptes publics, réguler les activités les plus spéculatives des marchés financiers et inciter d'autres États-membres à la mettre en œuvre. Or, d'une part, la TTF n'a qu'un faible rendement et manque sa cible, comme l'a indiqué en juin 2017 un référé de la Cour des comptes, et, d'autre part, elle bute sur un manque de coordination au niveau européen entre des places financières qui se concurrencent. Toutes les chartes du monde n'auront aucun effet significatif sans qu'auparavant aient été pris à bras-le-corps une série de sujets clés: la fiscalité, le salaire minimum, etc.

Stéphane Junique soulignait l'inscription de nombreux droits sociaux dans les traités européens, et ce dès l'origine. Qu'en pensez-vous?

T. D.: Les droits, pour être effectifs, ont besoin d'un gouvernement, d'une politique. Sans quoi, ils restent abstraits. Et je crains que ce ne soit le cas en Europe, où la volonté politique est déterminante. L'affaire des «Paradise Papers» en apporte un exemple. Un consortium international de journalistes d'investigation révèle le scandale de ce que l'on nomme pudiquement l'«optimisation fiscale»

94. Concept forgé par Michel Foucault qui définit un mode de gouvernement incluant le consentement actif des citoyens, appelés à participer à leur propre gouvernance.

des multinationales et des grandes fortunes mais qui n'est rien d'autre qu'une forme d'évasion fiscale. Sous la pression de l'opinion publique, l'Union européenne décide de réagir en produisant une liste noire des paradis fiscaux… où ne figure aucun pays de l'UE ! L'ONG Oxfam pointe pourtant les responsabilités de l'Irlande, du Luxembourg, de Malte et des Pays-Bas. Le fait que Jean-Claude Juncker, ancien Premier ministre du Luxembourg, soit président de la Commission européenne, ne facilite pas les choses.

Je crois sincèrement que si l'Europe voulait redonner du sens à son projet elle devrait le faire en portant un projet social européen d'envergure, une véritable politique sociale. Mais, depuis l'élargissement de l'Union européenne aux pays de l'Est, en 2004, et l'échec du référendum sur la Constitution de 2005, cette perspective paraît bloquée.

Quels seraient les leviers de ce projet social ?

T. D. : Si l'Europe mettait en place une fiscalité du capital – au hasard ! – et qu'avec le produit de cette fiscalité elle finançait, par exemple, la création d'un revenu de base européen (modulé en fonction de l'indice des prix de chaque pays), alors elle ouvrirait un véritable horizon de progrès. Elle ne serait plus perçue comme une technocratie uniquement capable de produire des normes. Elle établirait un lien direct avec les citoyens, lesquels percevraient très concrètement son utilité. Il faut sortir d'une approche exclusivement juridique : les droits sociaux ne sont que les fondations sur lesquelles peut s'ériger un projet politique.

Est-ce que ça ne serait pas incroyablement compliqué ?

T. D. : Il est vrai que l'architecture institutionnelle européenne est complexe. Il y a l'Europe des citoyens (le Parlement européen), celle des bureaux (la Commission européenne) et celle des États (le Conseil européen). À nous, Français, cela paraît illisible, parce que le simplisme monarchique de notre Ve République concentre toute notre attention sur l'élection du président de la République. Les scrutins intermédiaires sont jugés secondaires et sans incidence. Même les élections législatives, qui se déroulent seulement un mois après la présidentielle (à laquelle participent 86 % des inscrits à au moins l'un des deux tours), ne mobilisent que 59 % de l'électorat[95].

En France, nous donnons tous les cinq ans le pouvoir à un homme providentiel à qui il appartient de tout décider. Viennent ensuite des contestations intermittentes, telle celle ayant concerné la loi puis les ordonnances travail, même si ce contre-pouvoir tend à décliner sur une longue durée, suivant en cela la courbe de la désyndicalisation. Quand la présidence de la République est défaillante, quand elle est bloquée par les institutions et n'a plus les moyens de dicter ses orientations, comme ce fut le cas lors de la précédente mandature, tout le système déraille. Et on spécule pendant des années sur celui ou celle qui succédera au sortant.

Cette rapide digression pour dire que notre culture politique ne nous a pas habitués à avoir une approche stratégique multi-niveaux. En même temps, démultiplier les échelles d'action comporte aussi un risque de dilapidation d'énergie et d'épuisement. C'est pourquoi il faut investir les arènes européennes et tisser des alliances, construire des coalitions d'acteurs, organiser le lobbying. Le sort du Tafta – le traité de libre-échange entre les États-Unis et l'Europe, finalement abandonné en 2016 sous la pression de la

95. Source : Insee.

France– a montré toute l'efficacité d'une telle stratégie. L'échec récent sur l'interdiction du glyphosate –l'herbicide le plus utilisé au monde, commercialisé notamment par Monsanto et soupçonné d'être cancérigène– ne doit pas démobiliser, mais au contraire accentuer la prise de conscience que de nombreux enjeux ne peuvent plus se traiter uniquement à l'échelon national.

Portons un projet social pour l'Europe. Une cause telle que le revenu de base européen pourrait mobiliser la société civile, tant les citoyens que les acteurs sociaux, à commencer par les mutuelles et le mouvement associatif. Les réseaux d'experts, à travers les think tanks, qui peuvent mobiliser des hauts fonctionnaires et des chercheurs, en seraient également parties prenantes. Pourquoi le Conseil économique et social européen ne s'en saisirait-il pas? L'Europe pourrait se relancer autour d'un tel projet, mais il lui manque une vision : c'est son drame.

Mettons à l'agenda la lutte contre la pauvreté. Comment notre Europe, développée, prospère, société d'abondance, peut-elle accepter que la pauvreté frappe 17 % de sa population ? Ce sujet, l'histoire l'a démontré, pourrait mobiliser en dépassant les clivages partisans. Les principes libéraux des lecteurs de Milton Friedman, la sensibilité caritative des chrétiens-démocrates et des catholiques sociaux, l'aspiration au progrès social des sociaux-démocrates : toutes ces tendances s'y retrouveraient. Seules sont perdues les batailles qu'on ne livre pas.

Il y a eu des tentatives d'élaboration d'un statut de mutuelle européenne. Est-ce toujours d'actualité ?

S. J. : Les mutuelles ne souffrent pas d'un excès d'Europe, mais d'un défaut d'Europe. Les outils juridiques européens actuels ne leur permettent pas de sortir du strict cadre national pour se développer. La reconnaissance d'un statut de mutuelle européenne (SME) leur permettrait d'agir pour proposer des offres par-delà les frontières, pour offrir aux consommateurs un autre choix que celui des sociétés de capitaux au niveau supranational, ou encore pour constituer des groupes mutualistes européens. Ce statut contribuerait également à la diversification des activités des organismes mutualistes, qui pourraient ainsi plus aisément faire face aux défis liés aux nouvelles règles européennes, comme Solvabilité II. Enfin, il conforterait et encouragerait les valeurs mutualistes au sein de l'UE. Le projet est soutenu par l'ensemble des acteurs de l'ESS. Il a fait l'objet de rapports du Parlement européen et du Cese, qui en soulignaient l'importance. La Commission européenne a lancé, en mars 2013, le processus de reconnaissance légale du SME, mais, depuis 2015, ce chantier est à l'arrêt.

Pour avancer, la piste retenue pourrait être de renforcer la reconnaissance élargie du non-lucratif au niveau européen. La notion de non-lucrativité est inscrite dans un certain nombre de textes européens, notamment l'article 54 du traité de Lisbonne, mais les structures mutualistes et coopératives ne sont pas reconnues comme en relevant. C'est un sacré paradoxe ! Nous sommes considérés, en France, comme des acteurs du non-lucratif ; la loi ESS l'inscrit noir sur blanc. Or, nos missions d'utilité sociale et d'intérêt général ne sont pas reconnues par les critères européens. De ce fait, à travers des dispositions prudentielles ou fiscales, nous sommes assimilés à des entreprises comme les autres, ce qui constitue un vrai problème. On l'a d'ailleurs constaté récemment : les mutuelles, en dépit de vifs débats à l'Assemblée nationale et au Sénat, se sont vu soumises à la surtaxe d'impôt sur les sociétés mise en place dans le cadre de la loi de finances rectificatives de 2017. Elles ont été considérées en fonction de leur chiffre d'affaires comme n'importe quelle autre société privée – et peu importe que les mutuelles ne versent pas de dividendes à des actionnaires et que leurs bénéfices soient réinvestis au service de l'utilité sociale ! Ainsi faut-il sans doute axer le débat non pas tant sur un statut de mutuelle européenne que sur la question de notre reconnaissance comme acteurs du non-lucratif en Europe. Ce serait déjà une précieuse avancée.

T. D. : Je suis plutôt d'accord avec cette analyse. Dès que le modèle français d'économie sociale s'est constitué, dans les années 1970, il a été exporté au niveau européen à travers une série de colloques organisés notamment par le Conseil économique et social européen. Reconnue dès 1981 dans la loi française à l'initiative de Michel Rocard, l'économie sociale a ensuite été défendue par Jacques Delors, président de la Commission européenne de 1985 à 1995 et par ailleurs théoricien, dans les années 1970, du « troisième secteur », qui visait à la fois à résoudre le problème du chômage à travers l'insertion et à apporter une réponse aux nouveaux besoins sociaux, comme l'accueil des jeunes enfants ou l'aide à domicile des personnes âgées. C'est lui qui, en 1989, a introduit le projet de statuts européens de l'économie sociale.

Cette initiative date d'il y a près de trente ans, et un seul statut a été adopté : celui des coopératives en 2003, mais il n'a produit que peu d'effets. Le statut des mutuelles a été remis sur le métier à plusieurs reprises, et encore dernièrement sous le ministère délégué à l'ESS de Benoît Hamon, mais les débats n'ont jamais abouti. Les raisons de ces échecs répétés sont complexes ; l'une d'entre elles est peut-être que l'Allemagne craint la concurrence des mutuelles françaises…

Quoi qu'il en soit, il convient en effet de définir une autre stratégie et d'employer d'autres mots. Le concept d'économie sociale est perçu en Allemagne comme une invention des socialistes français, inadaptée au contexte juridique allemand. Nous ne sommes plus à l'époque des conquêtes impériales, quand Napoléon imposait le code civil à l'Europe. Il faut renoncer à la tentation hégémonique. On ne peut pas, d'un côté, revendiquer la diversité économique et, de l'autre, vouloir imposer notre modèle d'économie sociale. Il faut donc travailler à des concepts fédérateurs.

Le problème du concept de non-lucrativité, en l'état, c'est que, dans son acception internationale, il exclut les acteurs mutualistes et coopératifs. Dans une définition trop restrictive, il ne concerne que les associations et les fondations. La notion de lucrativité limitée serait sans doute plus adaptée, car elle permettrait d'élargir le périmètre aux coopératives et aux mutuelles, donc de construire de nouvelles alliances, tout en exceptant clairement les sociétés privées lucratives.

Derrière ces questions techniques, il y a un enjeu résolument politique. L'économie sociale, je le rappelle, est marquée par le principe de « double qualité », selon lequel le bénéficiaire est aussi sociétaire. Elle porte l'ambition d'une émancipation permise par la propriété collective ; son projet est celui d'une citoyenneté économique. C'est la « République dans l'atelier ». À l'inverse, la notion d'organisme à but non lucratif est plus « instrumentale ». La fin prime sur les moyens, ce qui relève davantage des logiques caritatives. Quant à l'entrepreneuriat social, si la fin l'emporte aussi sur les moyens, c'est pour arrimer le social au secteur marchand. Là aussi le projet émancipateur paraît bien loin.

S. J. : Laetitia Driguez, qui a travaillé à la demande de la Mutuelle générale de l'Éducation nationale (MGEN) sur la notion de non-lucratif dans le droit de l'Union européenne, souligne, elle aussi, d'importants paradoxes. Pour l'Europe, on l'a vu, tout ce qui n'est pas gratuit est lucratif. Les mutuelles tarifent leurs services : elles sont donc considérées comme des acteurs lucratifs. Aussi convient-il de faire sauter certains verrous juridiques pour permettre une meilleure reconnaissance des entreprises mutualistes, à travers une réflexion sur la lucrativité limitée ou l'extension de la notion de non-lucrativité. Pourquoi y vois-je un intérêt par rapport au statut de mutuelle européenne ? Parce que cela apporte de l'eau à mon moulin quant à l'importance de la structuration d'un pôle des solidarités actives. En ne raisonnant plus « famille » mais « secteur économique », on se donne des armes pour distinguer davantage les sphères publique, lucrative et non lucrative. Afin que ce modèle économique qui investit sur le temps long et remplit des missions d'intérêt général soit davantage reconnu pour répondre aux défis à venir.

Mais ce pôle des solidarités actives peut-il s'exporter ? Peut-il avoir une dimension européenne alors qu'il est tout juste en train de naître en France ?

S. J. : Les questions que nous avons évoquées depuis le début de notre échange se posent de la même manière dans les autres pays européens. En 2015, 119 millions d'Européens étaient en risque de pauvreté ou d'exclusion sociale[96]. Cette situation, comme en France, a des répercussions sur la santé, l'éducation, le logement... et en particulier pour les enfants. Il y a donc matière à agir. Je constate qu'il existe un profond désir d'alliance sur des projets d'avenir entre les différentes familles associatives, coopératives et mutualistes au niveau européen.

Pour réussir ces stratégies d'alliance à l'échelle européenne, deux pistes me paraissent intéressantes à creuser : tout d'abord, renouer avec un discours exigeant et une vision européenne forte autour de la notion de « contrat social européen ». J'ai approuvé les propositions formulées par Étienne Caniard et Emelyn Weber à l'occasion du débat au Cese sur le socle des droits sociaux et qui pourraient nourrir le contenu de ce contrat social européen : faire de la lutte contre l'exclusion et la pauvreté un axe central des politiques européennes, lutter contre le renoncement aux soins, inscrire dans le socle un droit à l'accompagnement garanti pour chaque jeune, promouvoir des normes élevées en matière de qualité de l'emploi et lutter contre le dumping social, sécuriser les parcours de transition de vie, renouveler l'approche en matière de conditions de travail, imposer l'égalité entre les femmes et les hommes, etc.

La seconde piste serait de recenser la diversité des modes d'organisation se rapprochant de l'économie sociale et solidaire. Quand bien même on ne les appelle pas mutuelles, coopératives ou associations, de nombreuses structures des autres États-membres ont finalement des activités et des organisations proches des nôtres. Davantage que les similitudes de statut, il serait pertinent de mettre en valeur leur proximité en termes de finalités et de modèle économique.

96. « Statistiques sur l'inclusion sociale », Eurostat, 2017.

Au-delà de la forme juridique, la force de nos structures – qu'elles œuvrent dans la santé, les services, l'éducation, la culture, le logement ou l'aménagement des villes –, c'est leur utilité !

T. D. : L'utilité sociale peut en effet constituer une bonne entrée. Pour rappel, la définition française de l'économie sociale a d'abord reposé sur deux piliers : le but non lucratif et la gouvernance démocratique. Et le troisième pilier, plus récent, c'est celui de l'utilité sociale. Il date des années 2000, mais la loi Hamon de 2014 l'a défini juridiquement pour la première fois. Il s'agit de reconnaître des activités privées qui contribuent au soutien aux personnes vulnérables, à la lutte contre les inégalités et les exclusions, au développement du lien social et au développement durable.

Pour la reconnaissance de l'ESS en Europe, il y a deux stratégies possibles. Soit on crée un statut d'entreprise à lucrativité limitée, comme le secteur lucratif l'a fait en 2003 avec la création du statut de société anonyme ; soit on définit l'utilité sociale, quitte pour cela, comme c'est le cas pour l'agrément Esus, à introduire des critères de non-lucrativité. Cette seconde piste pourrait être creusée dans le sillage du droit européen sur les services d'intérêt économique général (Sieg), qui permet aux autorités nationales de soumettre des acteurs marchands à des obligations de service public, comme dans les secteurs des transports, de l'énergie ou des communications. La Chambre régionale de l'ESS de Bretagne, par exemple, a réalisé un travail montrant que des collectivités territoriales peuvent mettre en place des Sieg dans des domaines variés : l'accueil de la petite enfance, le recyclage, la création d'activités par des personnes fragiles, etc.

Mais il faudra veiller à instaurer des garde-fous. Il faut repousser la tentation du « capitalisme d'intérêt général » de Jean-Marc Borello, dirigeant associatif et conseiller social d'Emmanuel Macron pendant la campagne présidentielle de 2017[97]. Le social n'est pas un marché. Les exigences de rentabilité ne sauraient s'appliquer à la vulnérabilité humaine.

Avec le pôle des solidarités actives, l'économie sociale et solidaire est offensive. Loin de n'être qu'une économie de la réparation, elle est à l'avant-garde de la protection sociale de demain. Elle peut constituer un laboratoire d'innovation sociale pour saisir les tendances en cours, orienter ses stratégies d'investissement social et redonner de la force à la citoyenneté économique et sociale en s'alliant avec les pouvoirs publics, à l'échelle nationale comme européenne. Elle renouera de la sorte avec son projet historique d'émancipation matérielle et morale, individuelle et collective, pour régénérer la société démocratique et retrouver le chemin du progrès.

97. Jean-Marc Borello, *Pour un capitalisme d'intérêt général*, Débats publics éditions, 2017.

CINQ PROPOSITIONS FORTES POUR UN PÔLE DES SOLIDARITÉS ACTIVES

Face au risque de marchandisation de la santé et de financiarisation de la protection sociale, les acteurs de l'économie sociale et solidaire veulent former un pôle des solidarités actives tourné vers un nouvel horizon d'égalité. Pour refonder le contrat social, quelques pistes pragmatiques sont soumises au débat public :

1. Promouvoir un label pour les produits et services du pôle des solidarités actives

Les Français sont de plus en plus nombreux à être en recherche de sens dans leur vie quotidienne et à vouloir consommer de façon responsable et solidaire. Entre l'influence du marketing et les allégations mensongères, il devient difficile de faire la différence entre un produit ou un service proposé par un acteur non lucratif engagé dans les solidarités actives et une structure qui fait du *«social washing»*. La création d'un label permettant d'identifier ceux qui réinvestissent leurs bénéfices au service de l'intérêt général et de l'utilité sociale permettra aux consommateurs d'effectuer des choix en toute connaissance de cause.

2. Agir pour un socle de droits universels garanti pour chaque citoyen

Plus que jamais, les parcours de vie sont pluriels : changements de statut professionnel, périodes de chômage, reprise d'études, ruptures familiales... Parce qu'aucun exercice de la liberté n'est possible sans une sécurité de l'existence, un socle de droits universels doit garantir à chaque citoyen, quel que soit son statut, une protection continue dans toutes les circonstances de sa vie. Revenu, santé, logement, retraite, formation constituent les piliers de ce socle de droits, lesquels ne doivent pas devenir des marchandises.

3. Œuvrer pour la reconnaissance des modèles alternatifs non lucratifs en Europe

Aujourd'hui, l'Union européenne ne reconnaît le non-lucratif que sous l'angle de la gratuité. Elle ne fait donc pas la différence entre une entreprise lucrative qui reverse ses bénéfices à ses actionnaires et une entreprise non lucrative qui réinvestit ses excédents dans l'intérêt général car elle n'a pas le profit pour moteur. Ne pas reconnaître le modèle des solidarités actives, c'est menacer tout un pan de l'économie au service de l'investissement social et du bien commun. Les élections européennes de 2019 doivent être le moment d'aborder ce débat de société afin que la biodiversité économique soit préservée en Europe.

4. Réorienter enfin la politique de santé vers le temps long de la prévention

Notre système de santé est orienté presque exclusivement vers le curatif. Or, le développement massif des maladies chroniques et le vieillissement de la population fragilisent davantage encore un système de santé déjà à bout de souffle. En investissant dans la prévention au sens large, l'environnement, l'éducation à la santé, la santé au travail, le logement, l'alimentation saine – bref, dans le bien-être –, on peut éviter la survenue de nombre de maladies ainsi que le recours à des soins coûteux. Pour cela, il faut réorienter la politique de santé en s'appuyant sur des acteurs qui sont à même d'investir dans le temps long car ils n'attendent pas d'autre retour sur investissement de leurs actions que celui d'un mieux-être durable de leurs bénéficiaires.

5. Mettre en place le chèque « engagement citoyen »

Treize millions de Français sont bénévoles, mais cette activité au service des autres et de la société est aujourd'hui largement occultée. La place de l'engagement citoyen doit être mieux reconnue, car il est un ciment essentiel du lien social et produit des effets bénéfiques à tous. Le compte personnel d'engagement, intégré au compte personnel d'activité, est un premier pas vers cette reconnaissance.

Sur le modèle du chèque syndical, un chèque « engagement citoyen » doit permettre à chaque Français de s'engager bénévolement et de devenir acteur des solidarités. Il pourra se traduire en crédits d'heures pour les actifs, en heures de garde d'enfant, en crédit d'impôt ou en reconnaissance des compétences acquises dans l'engagement dans le cadre de la VAE (validation des acquis de l'expérience). Il reconnaîtra et encouragera les millions de vocations solidaires des Français.

RAPPEL DES PRINCIPAUX SIGLES ET ORGANISMES

CDD/CDI : Contrat à durée déterminée/indéterminée
CGET : Commissariat général à l'égalité des territoires
CGT : Confédération générale du travail
CICE : Crédit d'impôt pour la compétitivité et l'emploi
CITS : Crédit d'impôt de taxe sur les salaires
CPA : Compte personnel d'activité
CSG : Contribution sociale généralisée
ESG (notation) : environnement/social/gouvernance
ESS : Économie sociale et solidaire
Esus : Entreprise solidaire d'utilité sociale
FNMF : Fédération nationale de la Mutualité française
Groupe VYV ou VYV Care : Union mutualiste de groupe (dite union de Livre III) composée des groupes MGEN, Istya et Harmonie Mutuelle
Ehpad : Établissement d'hébergement pour personnes âgées dépendantes
IAE : Insertion par l'activité économique
PIB : Produit intérieur brut
RMI : Revenu minimum d'insertion
RSA : Revenu de solidarité active
RSE : Responsabilité sociale (ou sociétale) de l'entreprise
Scic : Société coopérative d'intérêt collectif
Scop : Société coopérative et participative
UMG : Union mutualiste de groupe

REMERCIEMENTS

Nous remercions toutes celles et tous ceux qui nous ont aidés pendant la préparation de cet ouvrage. Notre gratitude va à Camille Brouard, pour avoir initié ce projet. Le soutien constant, amical et éclairé d'Olivier Vaillant, d'Aurélie Chompret et de Nathalie Bauer a permis à ce livre d'exister. La confiance de Catherine Touvrey aura été précieuse tout au long de cette belle aventure. Merci à tous !

Achevé d'imprimer en mai 2018 par Laballery
Rue Louis-Blériot – B. P. 61 – 58502 Clamecy Cedex (France)
Dépôt légal : mai 2018 – Numéro d'impression : 804349